# COSTURANDO SABERES

## a arte como caminho criativo

arteterapia · psicopedagogia

organização **Lídia Lacava**

São Paulo, verão de 2024

semente editorial

1ª edição: fevereiro de 2024

Direitos desta edição reservados à
**Editora Semente Cultural Ltda**

Rua Ernesto Zuanella, 100 – Parque Continental
São Paulo/SP – Cep: 05327-060
Tel.: (21) 982078535

Coordenação e edição:
**Larissa Kouzmin-Korovaeff**

Preparo de originais:
**Alvanísio Damasceno**

**Revisão:**
**Roberta Malta**

Capa:
**Larissa Kouzmin-Korovaeff**

Projeto gráfico:
**Alan Maia e Larissa Kouzmin-Korovaeff**

**Fabio Osmar de Oliveira Maciel – CRB-7 6284**

---

L129

Costurando saberes: a arte como caminho criativo: arteterapia, psicopedagogia / Organizadora: Lídia Lacava. – 1. ed. – São Paulo : Semente Editorial, 2024.
240 p. ; 23 cm.

ISBN: 978-65-86610-55-0

1. Psicoterapia. 2. Arteterapia. 3. Psicologia educacional. 4. Educação. 5. Técnicas de autoajuda. I. Lacava, Lídia.

471-018-23 CDD : 616.8914

---

**Índice para catálogo sistemático:**

1. Psicoterapia: Medicina 616.8914
2. Arteterapia 615.85156

*Estar costurando, gerundizando, é construir a*
*sensação de duração do tempo no espaço.*
*É a memória do ato. Em tempos de gerúndio*
*o verbo pertence ao ser.*

**Edith Derdyk**

# SUMÁRIO

Ao final de cada capítulo há um **QRcode** por meio do qual é possível acessar o conteúdo completo de todas as oficinas realizadas em diálogo com os temas abordados pela autoria, incluindo seu passo a passo, material usado, depoimento dos participantes e as imagens das atividades propostas.

# APRESENTAÇÃO

Lídia Lacava

Convidamos você a participar dessa "costura", na qual os fios criados por meio de estudos e práticas se entrelaçam sempre com o objetivo de resgatar o que há de melhor em cada ser humano, em sua etapa de desenvolvimento. Os autores aqui apresentados foram alunos supervisionados por mim em suas práticas de estágio, tanto na área da Arteterapia quanto da Psicopedagogia, que culminaram com a escrita de monografias. Para este livro, foram feitos recortes de momentos significativos de seus atendimentos e estudos.

Faço a seguir uma breve apresentação de cada artigo e seus respectivos autores.

**Renata Belloni Moreira** nos apresenta uma prática arteterapêutica rica e criativa, resgatando a subjetividade do professor. Atualmente, mais do que nunca, a profissão docente necessita ser cuidada e a identidade do professor, preservada. Abrir espaços para o resgate das aprendizagens do próprio professor, da memória do seu "eu aprendiz" e da sua própria história é fator essencial para a preservação do sentido de seu papel como educador. O artigo fala de encontros em que a Arteterapia possibilitou ressonâncias na prática docente, ampliando possibilidades em sua formação e contribuindo para a adoção de novas ferramentas de atuação em sala de aula.

Ao falar naquele que ensina, nosso olhar se volta para o binômio ensinante e aprendente. O ser cognoscente que vai em busca de novas aprendizagens pode se deparar com obstáculos no meio do caminho. Baixa autoestima, bloqueios criativos que impedem uma aprendizagem significativa. Poder desvelar novas maneiras para se conectar com o conhecimento é a perspectiva que o precioso e sensível artigo de **Carolina Braga** nos apresenta. A autora traz um modelo de intervenção psicopedagógica aliado aos recursos da Arteterapia que objetiva motivar o aprendiz a reconhecer-se com potenciais para exercitar habilidades cognitivas, afetivas e sociais no resgate da autoestima.

O artigo apresentado por **Maria Júlia S. Bezerra de Meneses** nos coloca perante o desafio do trabalho com adolescentes abrigadas, para fortalecê-las na busca da(s) própria(s) identidades(s), a partir das histórias de vida, histórias de abandono, de perdas, de desamor. A autora nos mostra, de maneira intensa e humana, como o trabalho arteterapêutico tem uma potência e contribuição significativas no desenvolvimento subjetivo combinado com fatores inter e intra-subjetivos.

**Adriana Mendonça** apresenta uma experiência riquíssima sobre o lugar da Arteterapia no trabalho em grupo com adolescentes portadores de deficiência intelectual e algumas inabilidades motoras. Junto com a autora, percorre-se, com o auxílio de atividades criativas, uma jornada heroica vivenciada por jovens em busca de um lugar de respeito e reconhecimento como cidadãos entre seus pares. O grupo lhes oportunizou um ambiente seguro em que lembranças e emoções difíceis vivenciadas pelos participantes puderam ser liberadas e transformadas, após serem respeitosamente acolhidas.

Jovens com síndrome de Down e o trabalho com esse perfil de público, promovendo uma autopercepção e ampliação do seu estar no mundo, são as temáticas dos estudos primorosos e atentos apresentados por **Alexandre Eschenbach**, que usou, como eixo teórico, a mitologia, trazendo as tarefas do Código do Cavaleiro e criando atividades arteterapêuticas que propiciassem vivências para trabalhar tais temas. Dessa maneira, a Arte buscou a elaboração simbólica de problemas e dificuldades que permeiam a vida desses jovens, facilitando o autoconhecimento e a percepção da própria identidade.

**Carina Regina Lacava** e **Débora Gonçalves**, ambas psicólogas e psicopedagogas, apresentam reflexões preciosas e profundas sobre a importância da afetividade nas relações do ensinar e do aprender, pautadas pela análise do filme indiano *Como estrelas na terra, toda criança é especial*, por meio do qual abordam o papel da família e da escola no grande desafio de ensinar e aprender. Falar em aprendizagem é falar no binômio cognição e emoção — um não existe sem o outro —, e é por meio deles que se instaura a gênese dos processos de aprendizagem, trazendo uma matriz vincular e lúdica. A Arte, nessa reflexão, apresenta um papel significativo, pois se torna o elemento mediador para que o garoto Ishan, personagem principal do filme, resgate todo seu potencial e sua autoestima. As autoras desse artigo apresentaram esse trabalho quando de suas formações na pós de Psicopedagogia, oferecida, na época, pelas Faculdades Claretianas e coordenada por mim e por Vera Márcia Pina, grande colega e parceira de estudos.

**Luciano Cirumbolo** nos apresenta, em um estudo rico e intenso que toca o leitor com a potência da linguagem cinematográfica, os meandros e os paradoxos da alma da artista Camille Claudel. Ele alia o fazer Arte à concretude do barro e da escultura, como meios reveladores de um universo carregado de emoções, desejos e sonhos. Diante disso, o autor nos faz uma pergunta instigante: "O que estaria Camille tentando inconscientemente organizar, dentro de si mesma, dedicando-se excessivamente à tarefa de esculpir?" Vale a pena conferir a resposta neste artigo.

**Lídia Lacava** também apresenta a análise de um longa-metragem — *Valente* — ao refletir como "a ação, a razão e a emoção" podem ser vivenciadas por uma princesa, a heroína da história, em busca da integração do seu desejo aos da família real. O estudo dos elementos simbólicos, que surgem em toda trama, e da corajosa rebeldia da princesa, ao não aceitar os padrões impostos pelo rei e pela rainha, configuram a essência desse artigo. Questões arquetípicas consteladas na contemporaneidade. Novas reflexões e desafios para as "princesas do século XXI".

Um filho que vem ao mundo com uma deficiência e a mãe que deve dialogar com seu ideal de filho. **Patricia Alcovér Hadlich** apresenta importante e respeitável pesquisa apoiada em estudos sobre a integração fisiopsíquica utilizando o método *Self-healing* de Meir Schneider e a Psicologia Analítica de Carl Jung. A autora buscou aliar ao trabalho psicoterapêutico com mães de crianças que apresentam alguma deficiência o suporte da Arteterapia, abrindo um espaço de escuta e acolhimento para que elas pudessem falar e expressar suas angústias, compartilhando-as e ampliando o olhar sobre si mesmas, para além do papel materno que as ocupava a maior parte do tempo de suas vidas.

**Deborah Garcia** e **Erika Varallo Caseiro** trazem, com muito cuidado e estudo, contribuições para a importância do trabalho com famílias e seus filhos adolescentes. Queixas de ambos os lados mostram um certo distanciamento e, muitas vezes, grande dificuldade para o diálogo, ou a falta dele, nesse período do ciclo familiar. O atendimento com família, fazendo uso de suportes teóricos da Arteterapia, mostra-se um elemento facilitador e, ao mesmo tempo, cuidadoso para se adentrar em uma dinâmica tão desafiadora. Momentos em que se avaliam papéis, desejos, expectativas, oferecem a possibilidade de um reposicionamento em busca de uma dinâmica familiar mais saudável.

Os conflitos que surgem na relação mãe-filho são abordados no artigo escrito por **Renata Cé**. A autora nos apresenta uma prática importante e preciosa mostrando as propostas arteterapêuticas como um canal de comunicação diferenciado entre os membros de uma família. Os participantes entram em contato com os elementos simbólicos que são desvelados nas oficinas, abrindo-se um momento delicado, mas não menos importante, para um "diálogo com", isto é, um diálogo convergente, possibilitando a conquista de laços mais estreitos e verdadeiros para a dinâmica familiar, favorecendo o repensar de determinadas atitudes que, em tempos passados, magoariam um ao outro.

Arteterapia com pais e o despertar do autoconhecimento e de uma comunicação mais amorosa nos mostram, de maneira relevante e coerente, como rever os papéis de pai e mãe inseridos na atualidade. **Clarice Almeida** faz uma reflexão primorosa e profunda sobre a importância de o sistema familiar ser repensado em sua dinâmica e nos papéis delegados, para poder se fortalecer e ressoar de maneira saudável para todos os seus membros. A autora nos apresenta atividades arteterapêuticas que vão ao encontro dessa proposta, fortalecendo vínculos, desfazendo legados e mitos, e facilitando um caminho saudável para mudanças.

Os autores convidam, você, leitor, para caminharmos juntos compartilhando experiências enriquecedoras! Vamos fruir esses momentos...

# 1. Arteterapia na formação docente: um chamado para o ser sensível do professor

**Renata Belloni Moreira**

*O que a memória ama, fica eterno!*

**Adélia Prado**

Estar na escola foi sempre um sabor misto de alegria e insatisfação. Na adolescência, a sensação de que as aulas poderiam ser mais interativas, dinâmicas, passou a fazer parte de mim, acompanhada do gosto de explicar minhas aprendizagens para os pares. Assim, optei pela carreira docente, com uma crença recheada de jovialidade na possibilidade de transformação que o processo educativo pode gerar.

Já na faculdade de Pedagogia minha inclinação pelas Artes aflorou; fiz todas as disciplinas voltadas para essa área do conhecimento que pude. De certa forma, como professora polivalente, sempre busquei relacioná-la aos temas trabalhados em sala de aula.

Foram 14 anos de sala de aula na rede privada, a maior parte deles como professora generalista de Ensino Fundamental I, e alguns como especialista em Artes junto aos adolescentes.

Continuei me especializando em Arte-Educação e, nesses encontros vividos e nem sempre explicáveis, emergiu o interesse pela Psicologia Analítica. Por que não associar as Artes à Psicologia? Eis que me vejo como aluna novamente, no curso de Arteterapia aplicada à saúde, artes, educação e organizações, realizado na Unip, à procura de respostas para meus desejos e minha eterna sensação de falta...

Logo no primeiro dia de aula, o sentimento foi de pertencimento a uma área do conhecimento que se apresentava a mim com uma incrível beleza.

No momento de escolher um público para atuar, emergiu a mais profunda vontade de trabalhar com a classe profissional à qual pertenço com todo orgulho do mundo: docentes. Cuidar dos que dedicam seu tempo à formação do outro, mas têm suas angústias e inseguranças tão pouco reveladas e cuidadas, muitas vezes ocasionando a desistência do ato de educar, pareceu-me algo muito relevante socialmente.

Assim iniciei uma jornada enriquecedora, propondo oficinas arteterapêuticas a um grupo de professoras que, ao longo dos encontros, revelou-se muito especial.

## Questões atuais da docência

O grupo foi composto por cinco professoras de Educação Infantil que lecionam em creche conveniada à prefeitura de São Paulo. A carga horária de trabalho em sala de aula pode ser considerada elevada (oito horas diárias).

Criar um tempo na rotina das docentes para que pudessem refletir sobre sua formação, suas memórias escolares e, assim, entrarem em contato com seus sentimentos e inquietações, por meio de oficinas de Arteterapia, mostrou-se não apenas um objeto de estudo relevante, mas também uma atividade com possível efeito na vida pessoal e profissional das envolvidas.

A profissão docente necessita ser cuidada e a identidade do professor, preservada, na medida em que ele sofre com as pressões advindas das instituições, seus propósitos e organização curricular. Concomitantemente, essa atividade recebe projeções e exigências sociais e das famílias. E, nesse cenário, reencontrar o espaço do eu, da memória, do lúdico, da manipulação de materiais do mundo é essencial para a preservação do sentido de seu papel como educador.

> O século XX foi aquele em que mais se investiu afetivamente nas crianças, mas foi também aquele em que elas mais tempo passaram

> longe das famílias. Adquiriu-se uma noção muito nítida da importância da educação, ao mesmo tempo em que as comunidades foram abdicando de sua função educativa (NÓVOA, 1999, p. 17).

É notório o movimento de instituições escolares e secretarias de educação dos mais diversos segmentos em valorizar a formação continuada dos professores com o objetivo de ampliar a prática docente e os resultados do processo de ensino e aprendizagem.

Para o pesquisador e autor de livros na área de formação de professores, Antônio Nóvoa (1999), "um dos domínios ao qual os especialistas internacionais dedicam mais atenção é a formação inicial e continuada de professores".

Em tal contexto, oficinas expressivas de cunho arteterapêutico vieram ao encontro da necessidade de o docente engendrar um processo reflexivo, envolvendo suas memórias escolares, anseios relacionados à prática educativa e, na sequência, a abertura de novos caminhos no processo de ensinar e aprender.

Optei por iniciar o processo com o viés da memória, sobretudo a relacionada às experiências escolares, em virtude de algumas linhas de pesquisa na área de formação de professores defenderem o exercício da autobiografia como instrumento significativo para repensar a sua atuação em sala de aula e desvelar práticas vivenciadas e reproduzidas sem uma crítica adequada. A pedagoga e arte-educadora Madalena Freire (2014) sustenta que o resgate das lembranças leva a ponderar sobre o tipo de aluno que se foi para, então, se assumir enquanto educador.

Neste trabalho, tais memórias foram recordadas por meio de recursos artísticos que, segundo Bernardo (2013), evocam um diálogo com as forças arquetípicas, através da dimensão simbólica, enriquecendo nossa vida e liberando uma energia que pode proporcionar novas formas de posicionamento e relacionamento.

Em consonância com o pensamento de Amit Goswami (2006), poderíamos considerar tal prática como um percurso artístico de formação, em contraponto ao equivocado processo de apenas instrumentalizar o docente com novas práticas de ensino. "Nossas instituições educacionais têm que parar de se preocupar com o treinamento profissional e renovar o significado e a alma em sala de aula."

## Memórias e linguagens artísticas: o ser aprendente e ensinante

As educadoras participantes foram convidadas a ressignificar sua prática ao revisitarem, por meio de oficinas de criatividade, o seu "ser aluna", "aprendente", com anos de vivência do outro lado da carteira.

Ao longo do percurso, também se pretendeu fazer emergir os motivos que lhes fizeram escolher sua profissão, presentificando o sentido da escolha, por vezes já esquecido, trazendo para o consciente os momentos da vida que culminaram no "ser professora".

Traçar os incômodos sentidos no cotidiano da sala de aula e, então, promover um espaço de reencontro com a sua criança interna, seu lado lúdico e criativo, e rever seus profundos desejos e utopias na área da educação, fazendo-as lançar um novo olhar sobre sua atuação profissional e se reencantar com a educação. Entrar em contato com suas habilidades, sentimentos, imbuídos de recursos e potencialidades por vezes adormecidas, fazendo emergir o seu lado aprendiz, possibilitando assim a reelaboração dos caminhos da profissão.

Seguindo o pensamento da pesquisadora e professora Ana Angélica Albano (1984), "recuperar o ser poético que é a criança só é possível quando os professores se percebem como pessoas ainda capazes de viver o estranhamento [...] quando descobrem neles mesmos o prazer da criação".

Os encontros constituíram uma formação de professores com foco no desenvolvimento criativo do sujeito, que se reelabora e se forma ao longo da vida, nos planos pessoal e profissional.

Vivemos um momento em que se valoriza um acúmulo de conteúdos e conhecimentos utilitários em detrimento da alma humana. Segundo o professor da Unicamp, João Francisco Duarte Junior (2004), é urgente um resgate da educação do sensível, perdida na crise da sociedade contemporânea. Há que se refinar os sentidos hoje pouco estimulados.

Ao longo da carreira, profissionais da área de educação acabam vivenciando inúmeros cursos de formação que abrangem técnicas inovadoras de ensino, novas metodologias e concepções sobre o ensinar e aprender, mas que prescindem de um efetivo envolvimento dos docentes para que ressignifiquem os novos aprendizados e lancem mão de modelos teóricos, imbuídos de sentido e inteireza.

Madalena Freire (2014) lança o seguinte questionamento: "Que vida poderei viver com meus alunos, se não estou com a minha vida em mãos? Se não estou sendo eu mesma, na minha 'totalidade'?"

Nesse sentido, olhar o professor como humano, incompleto, em eterno caminho de formação, marcado por histórias vividas, emoções e sentimentos que por vezes clamam por ganhar voz, mostra-se urgente. Acredita-se que um processo de formação assim compreendido pode ser transformador, como afirma Lídia Lacava, Mestre na área de Educação:

> O professor, ao se reconectar com seu ser, com sua modalidade de aprendizagem, instaura novas qualidades na dinâmica relacional entre real e ideal, razão e emoção, ciência e arte interferindo na relação de ensinar e aprender (LACAVA, 2018, p. 21).

## A autobiografia como caminho

Nós somos como as tartarugas, carregamos a casa.
Essa casa são as lembranças. Nós não poderíamos
testemunhar o hoje se não tivéssemos por dentro o ontem,
porque seríamos uns tolos a olhar as coisas como
recém-nascidos, como sacos vazios.

**Iberê Camargo**

Catani, Bueno e Souza (2000) referem-se a um processo de formação de professores pautado por relatos autobiográficos, analisando de que forma as experiências escolares iniciais influenciam a prática docente. As autoras advogam que tais experiências estão vinculadas à escolha da profissão e marcam as relações que o sujeito estabelece com a escola, influenciando diretamente as práticas pedagógicas exercidas pelos docentes. Rememorar o vivido é tido como um processo de formação mais eficaz do que os cursos com orientações prescritivas.

Ainda nesta linha de pesquisa, Marie-Christine Josso (2010), doutora em Ciências da Educação, opta por uma pesquisa-formação e utiliza como instrumento a Biografia Educativa. Para ela, "a formação do sujeito é concebida como sucessão de transformações de suas qualidades socioculturais e a pesquisa é entendida como a realização de atividades transformadoras da subjetividade".

Para essa autora, o processo de aprendizagem/formação pressupõe uma ruptura, uma abertura para o novo e desconhecido, que culmina em abandono daquilo que já se conhece, oferecendo o risco de o aprendiz/formando se tornar outro. Trata-se de acoplar novas dimensões e descartar as anteriores, em relação a si mesmo e ao meio em que se habita.

Emergir em um processo coletivo de se conhecer, olhar para si, para a sua história pessoal e suas vivências escolares, de forma sensível, via produção criativa, pode proporcionar novas percepções e elucidações sobre a prática docente. Trata-se de um rememorar por meio de oficinas de criatividade, que fazem emergir conteúdos inconscientes.

## Oficinas de Arteterapia no percurso de se construir professor

Por que desenvolver oficinas de Arteterapia para um processo de formação de professores? Para lançar luz aos fazeres já automatizados e ações pautadas em sentimentos inconscientes, na medida em que, segundo Liebmann (2000), "essa forma de usar a arte pode ser importante para muitas pessoas, estejam elas mergulhadas em problemas sérios ou apenas desejando explorar a si mesmas e a seus sentimentos, usando a arte como meio".

O ser criança, mexer com a materialidade do mundo, sentir os cheiros, os sabores, olhar e ver, são aspectos que adultos vão substituindo pela seriedade da vida contemporânea, repleta de coisa ditas "úteis".

Em sua pesquisa sobre o ócio criador, Viktor Salis (2004) sugere que, de acordo com as leis de Asclépio e Higeia[1] para a harmonia do viver, os talentos foram concedidos pelos deuses ao espírito e aponta como única forma de evolução a transformação desses talentos em energia criadora e paixão de viver e criar. As oficinas de criatividade são riquíssimas. Nesse sentido, o fazer arte está associado ao acessar conteúdos inconscientes por vezes reprimidos entre as burocracias e algumas das mazelas que envolvem o ato de educar. É uma forma de fazer emergir a beleza desse encontro entre mestre e aprendiz.

Para Patrícia Pinna Bernardo (2013), o trabalho em Arteterapia proporciona uma exteriorização do que se encontra em nosso interior, um autoconhecimento olhando-se para o que foi produzido. Nesse sentido, configura-se como uma possibilidade de formação continuada

---

[1] Asclépio, na mitologia grega, era considerado o deus da cura, enquanto Higeia, a divindade da saúde.

a professores atuantes, proporcionando momentos de reflexão sobre os significados que cada um atribui a sua própria história como estudante, e de que forma tal construção está presente em sua *práxis*, configurando uma autoformação, abrindo novos caminhos de atuação em sala de aula.

O processo arteterapêutico pode gerar uma imersão em conteúdos inconscientes facilitadores da, por vezes conturbada, relação professor-aluno. O ser criança do professor precisa estar vivo para que crie vínculos com os educandos. Segundo Renata Cunha Wenth (s. d.), especialista em Psicologia Analítica, esse encontro entre duas pessoas com objetivos educacionais é arquetípico, e há uma conversa entre o inconsciente do aluno e do mestre. Faz-se necessário que este entre em contato com o arquétipo do aluno para que continue aprendendo e assim possa ensinar com mais qualidade.

Para Bernardo (2013), é preciso que enterremos nossas sementes para que deem flores e frutos e, assim, possamos alimentar nossas vidas e de outras tantas pessoas.

Apresentar a docentes o rico e profícuo trabalho em Arteterapia pode alcançar proporções imensuráveis, pois um único professor, quando imbuído de suas belezas interiores, com seu jardim interno cuidado e seus talentos e habilidades aflorados, pode estabelecer conexões intensas com seu trabalho e seu público, marcando a vida de muitos educandos e interferindo na formação de futuras gerações.

Convencida de que as docentes poderiam se beneficiar, e muito, com um ciclo arteterapêutico, iniciamos as atividades. Os encontros ocorreram uma vez por semana com duração de duas horas cada um deles e sempre ao término do horário de trabalho das docentes. As educadoras foram selecionadas pela então diretora da instituição: quatro professoras polivalentes, que lecionam para crianças de 3 e 4 anos, e a coordenadora da escola. Todas tinham graduação, três delas cursaram ou estavam cursando pós-graduação na área de Educação. Neste relato elas estão identificadas por nomes de artistas ou escritoras.

O processo compreendeu o seguinte formato: sensibilização, atividade arteterapêutica, seguida de um fechamento, quando foi utilizado o "processo de rotação", sugerido por Marian Liebmann (2000), em que os participantes falam sobre seus trabalhos e, *a posteriori*, fazem a arrumação da sala. Para essa autora, arteterapeuta, a arrumação coletiva do espaço pode promover uma união grupal, além de fazer com que todos se desliguem e voltem à rotina. Algumas perguntas guiaram as oficinas, como: "quais vivências escolares mais a marcaram? Quais eram seus propósitos quando optou pela docência? Que desejos profissionais permearam essa preferência? Os caminhos já trilhados trouxeram satisfação? Que sentimentos genuínos permanecem e quais sofreram transformações?".

Em meio a tantas palavras e gestos imbuídos de um contato mais profícuo com recursos internos, inconscientes, neste artigo optou-se por selecionar as principais oficinas e os trechos que se mostraram mais significativos aos objetivos propostos.

## Considerações finais: perspectivas na formação daquele que forma

Durante a elaboração do projeto, mostrava-se desafiador propor um processo arteterapêutico de formação de professores cujo fio condutor fosse a memória, uma reflexão ancorada na biografia docente, mas tendo como recurso não o uso da palavra escrita, mas sim linguagens artísticas propulsoras de falas.

No início da jornada, um dos meus questionamentos era se seria possível afetar as docentes de forma significativa, fazendo-as deixar de se preocupar em aprender técnicas artísticas para ensiná-las aos alunos, propondo-se a vivenciar as linguagens para evocarem suas histórias, ancorando-se nelas para ressignificar suas potencialidades e o sentido mais profundos de "ser professor".

Deparei-me com um grupo de educadoras com brilho nos olhos, ânimo para o trabalho e apaixonadas pela profissão; repletas de vivências significativas, que hoje as compõem como profissionais, prontas para serem compartilhadas, gerando reflexões. Mas que também, paulatinamente, foram verbalizando as dificuldades impostas pelo sistema, como sentem seu cotidiano afetado, como se enxergam na profissão, o lugar que ocupam socialmente etc.

É possível afirmar que, juntas, criaram um espaço protegido, de confiança, para se colocarem de forma genuína, com toda a inteireza, criado paulatinamente durante as produções e conversas, ou seja: "O homem unido aos homens pela arte" (Snyders, 1995).

Analisando as falas semanais, os retornos pós-vivências, ficou evidente o alcance da Arteterapia e sua aplicabilidade no percurso formativo do professorado. Em seu trabalho de orientação a professores, Claudia Colagrande (2010) defende que viver a Arte possibilita uma formação de maior qualidade e por isso todos deveriam ter a oportunidade de experimentá-la, para assim melhorar sua expressão e se relacionar melhor com o meio.

Certamente cada vivência contribuiu para o que Madalena Freire (2014) denomina de prática estética, ou seja, quando o educador entra em contato com seu processo criativo através de diversas linguagens, ao encontro do seu ser sensível. "Espaço de desvelar/ampliar seus referenciais pessoais e culturais para exercitar, também, a organização, a sistematização e a apropriação de seu pensamento."

Neste trabalho, seria inviável mensurar de que forma nossos encontros impactaram efetivamente a prática das docentes; outras pesquisas poderiam ser realizadas nesse sentido para validar ainda mais a realização de mais percursos arteterapêuticos na área da educação. Entretanto, verbalizações como "vi que sou capaz de realizar muitas coisas" e a presença com qualidade em cada oficina, sentida a cada segunda-feira, em que a alegria de trabalhar com recursos artísticos se fazia presente, foram termômetros para se verificar que atividades como essa contribuem para uma trajetória docente saudável, sensível às belezas e necessidades da infância, unindo cognição e emoção. É possível inferir que vivemos possibilidades de concretizar uma "experiência" no sentido amplamente explorado por Dewey:

> A experiência, na medida em que é experiência, consiste na acentuação da vitalidade. Em vez de significar um encerrar-se em sentimentos e sensações privados, significa uma troca ativa e alerta com o mundo; em seu auge, significa uma interpenetração completa entre o eu e o mundo dos objetos e acontecimentos (DEWEY, 2010, p. 83).

Eu diria que, imbuídos de um canal expressivo potente, fluido, em processo de autoconhecimento, professores ampliam seu olhar sobre o outro/aluno, detendo, assim, maiores chances de estabelecer uma relação significativa que gera aprendizagem. Seres mais conscientes de suas potencialidades, em paz com sua história de vida e seu "ser aluno", já vivido por tantos anos, certamente estimulam os aprendentes a também lançar luz sobre os talentos que clamam por vir.

Mediante a experiência relatada neste artigo, acredito que a Arteterapia se configura como possível intervenção na busca por mais emoção e sensibilidade para os espaços de sala de aula, revigorando a paixão pelo ensinar, tantas vezes perdida pela ausência de encontro entre o educador e o educando.

OFICINAS >

CONTATO >

Renata Belloni Moreira
WhatsApp: (11) 99930.6019
Instagram: @arteateliemulticores

## REFERÊNCIAS

BACHELARD, Gaston. *O direito de sonhar*. São Paulo: Difel, 1985.

BERNARDO, Patrícia Pinna. *Temas centrais em arteterapia*. Coleção: A prática da arteterapia — correlações entre temas e recursos (volume I). São Paulo: Arterapinna Editorial, 2013.

______. *Mitologia indígena e Arteterapia: a arte de trilhar a roda da vida*. Coleção: A prática da arteterapia — correlações entre temas e recursos (volume II). São Paulo: Arterapinna Editorial, 2013.

______. *Amor, sexualidade, o sagrado e a Arteterapia: aproximações mitológicas entre Oriente e Ocidente*. Coleção: A prática da arteterapia — correlações entre temas e recursos (volume VI). São Paulo: Arterapinna Editorial, 2013.

______. "Oficinas de criatividade: desvelando cosmogonias possíveis". In: Revista Científica de Arteterapia Cores da Vida, artigo especial, v. 2, p. 8-23. Disponível em: www.brasilcentralarteterapia.cjb.net. (acesso em 31/5/2006)

CAMARGO, Iberê. *Gaveta dos guardados*. São Paulo: Cosac Naify, 2009.

CANDIDO, Rozemar Maria. "A Arteterapia em espaços educativos". In: DINIZ, Lígia. *A arte conduzindo ao sagrado*. Rio de Janeiro: Wak, 2015.

CATANI, Denice; BUENO, Belmira A.; SOUZA, Cynthia P. de. "O amor dos começos: por uma história das relações com a escola". In: Cadernos de Pesquisa. São Paulo, Fundação Carlos Chagas/Cortez, n. 111, dez/2000.

COLAGRANDE, Claudia. *Arteterapia na prática: diálogos com a Arte-Educação*. São Paulo: Wak, 2010.

DEWEY, John. *Arte como experiência*. São Paulo: Martins Fontes, 2010.

DUARTE JUNIOR, João Francisco. *O sentido dos sentidos: a educação (do) sensível*. Curitiba: Criar edições, 2004.

FREIRE, Madalena. *Educador educa a dor*. São Paulo: Paz e Terra, 2014.

FREIRE, Paulo. *Pedagogia da autonomia: saberes necessários à prática docente*. São Paulo: Paz e Terra, 2003

JOSSO, Marie-Christine. *Caminhar para si*. Porto Alegre: Edipucrs, 2010.

______. *Experiências de vida e formação*. São Paulo: Cortez Editora, 2004.

LACAVA, Lídia. *Eros e Psiquê: um caminho possível para pensar a docência.* São Paulo: Porto de Ideias, 2018.

LIEBMANN, Marian. *Exercícios de arte para grupos: um manual de temas, jogos e exercícios.* São Paulo: Summus, 2000.

MOREIRA, Ana Angélica Albano. *O espaço do desenho: a educação do educador.* São Paulo: Loyola, 2002.

NÓVOA, Antônio. "Os professores na virada do milênio: do excesso dos discursos à pobreza das práticas". In: Educação e Pesquisa/ Revista da Faculdade de Educação da USP. São Paulo, v. 25, n. 1, 1999.

SALIS, Viktor D. *Ócio criador, trabalho e saúde: lições da antiguidade para a conquista de uma vida mais plena em nossos dias.* São Paulo: Claridade, 2004.

SNYDERS, George. *Feliz na universidade: estudo a partir de algumas biografias.* São Paulo: Paz e Terra, 1995.

SOUZA, Cynthia Pereira de. "A evocação da entrada na escola: relatos autobiográficos de professores e professoras". In: BUENO, Belmira Oliveira. *A vida e o ofício dos professores: formação contínua, autobiografia e pesquisa em colaboração.* São Paulo: Escrituras, 1998.

STRAZZACAPPA, Marcia. "A educação e a fábrica de corpos: a dança na escola". In: Cadernos Cedes, ano XXI, n. 53, abril/2001.

WENTH, Renata Cunha. "Psicologia analítica e educação: visão arquetípica da relação professor–aluno". Disponível em: <http://www.symbolon.com.br/artigos/psicoanalitica.htm>. (acesso em 20/08/23)

# 2. O fazer artístico e a construção do sujeito/autor: o desvelar da autoestima de uma jovem

**Carolina Braga**

*Não haverá borboletas se a vida não passar por longas e silenciosas metamorfoses.*

**Bertolt Brecht**

O presente artigo visa a demonstrar que a intervenção psicopedagógica aliada aos recursos da Arteterapia valoriza a produção realizada pelo indivíduo e o motiva a se reconhecer capaz de exercitar suas habilidades cognitivas, afetivas e sociais. A Arteterapia fortalece o crescimento e a organização psíquica, já que o ser humano, ao criar, percebe inúmeras conexões com seu eu mais oculto e profundo. Esse é um importante passo para o aumento da autoestima e, por conseguinte, para a reconstrução da autoconfiança do sujeito que atuará nesse novo tempo em que ocorre a necessidade de diferentes respostas para uma mesma questão. É preciso, para tanto, um olhar mais parcimonioso, bem como um tempo mais empático de escuta ao outro.

Nesse sentido, a Psicopedagogia pode ser entendida como uma possibilidade de intervenção no processo de aprendizagem do indivíduo cuja autoestima se encontra fragilizada, para que ele consiga superar obstáculos subjetivos que o impedem de aprimorar a própria inteligência.

A Arte possui um potencial curativo relevante. Quando alia seu trabalho interventivo aos recursos da Arteterapia, o psicopedagogo possibilita ao indivíduo uma reflexão profunda sobre o próprio produto artístico criado de maneira lúdica e criativa em conformidade com o que procurou transmitir em seu processo expressivo. Com isso, o indivíduo amplia a sua percepção, enquanto desenvolve maior autonomia, o que permite, igualmente, um mergulho maior em seu autoconhecimento.

A Arte também pode ser utilizada para desenvolver habilidades cognitivas, já que, durante o processo de elaboração artística, o indivíduo transforma materiais como tintas, recortes, fios coloridos, em algo que foi previamente projetado, imaginado e criado. Ao realizar sua obra, o indivíduo — seja ele criança, adolescente ou adulto — possui a percepção da própria projeção e elaboração mental, fazendo uso de suas aptidões, cognitivas e/ou afetivas, para então executá-las manualmente e, ao fim, fazer a leitura da própria obra criada. "Nesse trabalho algo começa e termina, para que o novo se inicie, às vezes, em direção ao objetivo maior" (Allessandrini, 2003).

A Arteterapia é, ainda, uma área do conhecimento que coaduna uma multiplicidade de recursos artísticos com finalidade pontualmente terapêutica. Ao usar o processo criativo e a respectiva obra produzida, o indivíduo-autor explora seus sentimentos e conflitos internos "favorecendo a estruturação e a expansão da personalidade" (Philippini, 2009).

A Psicopedagogia objetiva integrar a cognição à emoção do sujeito que enfrenta dificuldades em seu processo de desenvolver competências e habilidades para que, dessa maneira, supere impasses até se perceber construtor do próprio conhecimento. Assim, espaços criativos e acolhedores proporcionados pela Arteterapia aliam-se nessa etapa de transformação.

A Psicopedagogia nasce da necessidade de compreensão renovada do processo de aprendizagem. Para delimitar seu campo de atuação e tratar as questões ligadas ao aprender, o psicopedagogo recorre a diversas áreas do conhecimento, baseado na relação dialógica entre a Educação e a Psicologia.

A tarefa do psicopedagogo é investigativa e diagnóstica, pois se realiza por meio do "olhar investigativo" do especialista, sempre atento a intervenções no processo de aquisição do conhecimento, objetivando assim uma participação mais ativa do sujeito no mundo sociocultural em que está inserido.

Já o arteterapeuta emprega a Arte como instrumento terapêutico, a fim de acompanhar o fazer artístico do indivíduo, para que ele, por meio de sua produção, retrate alguma imagem do inconsciente que depois será investigada, com profícua sensibilidade pelo profissional terapeuta.

O foco dessa atividade é desenvolver e expandir o autoconhecimento do indivíduo e, com isso, ampliar suas iniciativas pessoais a ponto de fazê-lo reconhecer e valorizar seus próprios interesses e gostos, sem qualquer imposição do profissional. Este deve apenas incentivar a escolha de algum rumo a ser tomado nesse processo de aquisição do conhecimento, verificando como acontece o interjogo que envolve o desejo de conhecer e o de ignorar manifestado pelo indivíduo (Paín, 1999).

Entender o papel do psicopedagogo é, antes de tudo, perceber que ele resgata a subjetividade do indivíduo. Para isso, utiliza recursos teóricos e diagnósticos promovendo a cooperação entre diversos campos científicos e a análise do seu próprio aprender, da percepção das condições afetivas e intelectivas e dos limites para se aproximar do conhecimento e constituir o saber (Fernandez, 1991).

Fazer uso da criação artística durante os atendimentos é ampliar para o indivíduo suas possibilidades de aprender, conhecer e compreender, e, em seguida, de reconhecer sua potencialidade individual, porque "a arte constitui um caminho válido para as pessoas se desenvolverem através de sua sensibilidade, se concretizarem e conhecerem a realidade de vida, sua e do mundo externo" (Ostrower, 2013).

Através do olhar e da escuta clínica diferenciados, há um investimento nas capacidades e competências do sujeito com queixa de fracasso escolar, que então passa a desejar maior conhecimento, e com o qual melhorará a própria autoconfiança, superando ao fim suas dificuldades escolares.

O fracasso se transforma em sucesso, muitas vezes surpreendendo o próprio sujeito, já que "a força motivadora e o autoconceito não se desatam da autoestima" (Miranda, 2005).

"O crescimento intelectual e o crescimento emocional estão interligados", sustenta Briggs (1986); e, ao participar de um ambiente intelectualmente motivador, moldado com atividades dinâmicas e desafiadoras, o sujeito se torna capaz para desenvolver, com maior amplitude, o seu potencial cognitivo, social e afetivo. Desfrutando dessa liberdade para se expressar e agir em interação com o ambiente, e igualmente sustentado pela segurança do não julgamento e pela mediação do psicopedagogo, o sujeito alcança, assim, plena convicção de suas potencialidades, passando a exercitar, sem medo, suas habilidades e competências, uma vez que seu valor pessoal não dependerá de seu desempenho, bem como não será desmotivado por qualquer erro. É por meio dessa interação que o aprendizado enfim se efetiva, com significado real para o indivíduo, dotando-lhe de confiança, a fim de persistir em sua busca por conhecimento. Nesse processo ele se torna, ao fim, autor de sua própria história.

Este artigo propõe uma reflexão sobre a influência da autoestima na relação entre o sujeito e seu processo de aprendizagem, trazendo o valor da Arte como facilitadora na construção do conhecimento, resgatando habilidades que eram desconsideradas e que bloqueavam novas aprendizagens.

## Autoestima: contribuições para o seu desvelamento

O que almejamos em nossas vidas para que ela seja significativa?

Queremos confiança interior, autorrealização, relações afetivas construtivas e repletas de significado, sucesso na escola, êxito no trabalho. Algumas pessoas conseguem atingir seus objetivos e metas com menos angústia e ansiedade, enquanto outras não conseguem realizar o que para Freud (1974a) seria "o propósito e a intenção de suas vidas: a obtenção da felicidade". Por que isso acontece?

Para Briggs (1986), "a diferença está nas suas atitudes para consigo mesmo e em seu grau de autoestima". Mas o que é a autoestima?

De acordo com Branden:

> A autoestima é a soma da autoconfiança com o autorrespeito. Ela reflete o julgamento claro da nossa capacidade de lidar com os desafios da vida, respeitando e defendendo os próprios interesses e necessidades (BRADEN, 2001, p. 76).

Entretanto, por que muitas pessoas não conseguem atingir os objetivos que tanto almejam e se sentem desvalorizadas e inseguras quanto a suas aptidões, fracassando na escola, no trabalho e na vida?

A maneira como nos sentimos em muitos aspectos de nossa existência está relacionada à nossa certeza de sermos merecedores da felicidade que almejamos alcançar. Se a nossa autoestima é precária, desdenharemos de nossas próprias aptidões e, com isso, sofreremos com desequilíbrios psíquicos que possivelmente hão de afetar o desenvolvimento cognitivo, afetivo e social.

Quando acreditamos em nosso valor pessoal, temos a força necessária para lutar por nossas crenças e defender nossos ideais: estamos satisfeitos assim com nossa identidade e sabemos qual é o nosso valor. Caso não tenhamos essa crença internalizada, tendemos a duvidar de nossas próprias escolhas, e acabamos por nos vincularmos a atitudes de apatia em relação aos acontecimentos e desafios que irão surgindo na vida.

Ao dispor de cuidado em relação à autoestima das crianças e dos adolescentes, estamos formando pessoas íntegras e com personalidade fortalecida. Todos os profissionais envolvidos no processo de aprendizagem precisam se dedicar à árdua tarefa de positivar a autoestima nos indivíduos e resgatá-la naqueles que então foram prejudicados. Se o ambiente é seguro e, sobretudo, amoroso, o indivíduo consegue edificar maior confiança nos adultos que o cercam e, por conseguinte, sente-se seguro em suas próprias opiniões e percepções do mundo. Desse modo, quando ele se deparar com algum obstáculo a ser superado, terá a energia e a segurança suficientes para saber agir.

O autoconceito, que procede dos processos cognitivos e está sujeito a fatores externos e internos, vai se construindo a partir das opiniões que ouvimos a nosso respeito, bem como das avaliações que recebemos sobre os nossos comportamentos e habilidades. Todas essas informações são recebidas e assimiladas em nossa estrutura cognitiva e a elas aliam-se nossos próprios julgamentos em relação às competências e características pessoais, até se formar um tipo de percepção acerca de nós mesmos. O sentimento de valoração que acompanha essa percepção constitui, assim, o que denominamos como autoestima, positiva ou não.

A autoestima "representa o nível de satisfação que a pessoa sente quando se confronta com o seu autoconceito", ensina Moysés (2001); e como tem muitas facetas, o autoconceito também encerra diversas possibilidades de ação. O indivíduo não deve ser avaliado apenas pelo seu desempenho acadêmico, mas sim em virtude do conjunto de suas habilidades, sejam elas artísticas, esportivas, sociais ou outras.

As informações que recebemos a nosso respeito e o modo como as pessoas reagem ao nosso comportamento, seja através da linguagem oral ou corporal, seja com demonstrações de aprovação ou desaprovação, são determinantes para a formação do nosso autoconceito, que começa a se desenvolver na mais tenra infância e prossegue até a idade adulta com base nas experiências vividas, sejam elas boas ou não.

A nossa autoimagem depende, em grande medida, do reconhecimento que recebemos dos adultos mais significativos em nossa vida. O tratamento recebido na infância é primordial à construção do autoconceito. Nesse período, as percepções estão centradas sobretudo nas sensações físicas recebidas. Conforme as relações familiares e sociais vão se estabelecendo, a criança amadurece internalizando as mensagens recebidas até formatar a sua individualidade.

Uma criança que desde muito cedo é estimulada a desconfiar de suas percepções e a não valorizar sua curiosidade perde, com isso, seu interesse pelo novo e tem a autoestima rebaixada. Sem identidade própria e com falta de crença em si mesma, "para evitar o desequilíbrio, recalca o conflito, evitando o pensar, não se vinculando à aprendizagem" (Chamat, 1997).

É provável que, se as qualidades de experimentação e indagação sobre o que ainda não conhece forem eliminadas da vida da criança, seu crescimento intelectual e afetivo seja igualmente prejudicado. Por isso:

> [...] cada pai e cada professor é responsável pela manutenção da curiosidade na criança. Todas as crianças devem saber que perguntar compensa. Ela não deve sentir-se diminuída porque deseja saber" (BRIGGS, 1986, p. 191).

Quando a criança, desde cedo, percebe que seus conhecimentos e saberes, ideias e sentimentos, são respeitados, há grandes chances de ela se sentir mais segura para se arriscar em empreitadas que ainda não teve oportunidade de enfrentar, afora a possibilidade de ouvir melhor críticas de todo o tipo, bem como lidar melhor com suas frustrações. Nesse processo, quanto mais conhecimento é adquirido, maior o crescimento intelectual e emocional do indivíduo, que assim saberá exteriorizar com significativa profundidade todo o seu potencial humano. O sujeito então assume a responsabilidade em relação à sua aprendizagem, insurgindo-se como ser pensante e autônomo, no que dignifica o papel de autor de sua própria história.

## Autoestima e criatividade

A sociedade e o mercado de trabalho no mundo em que estamos inseridos valorizam, e muitas vezes exigem, que os indivíduos tenham criatividade. Mas o que é ser criativo? Será que de fato sabemos o que é agir com criatividade?

Na maior parte das vezes, relacionamos o ser criativo apenas a grandes obras do mundo da arte e da literatura. No entanto, processos de criação podem se manifestar em pequenas atitudes da vida cotidiana. Ser autêntico ao usar sua individualidade para resolver pequenos problemas do dia a dia, acrescentando novidades para solucionar desafios, é uma forma de expressar a criatividade.

A criança que exerce sua capacidade criadora não se preocupa com a opinião alheia, não tem medo de ousar e não se importa em estar em situações novas. Ela quer experimentar novas maneiras de ser e de atuar, assim como descobrir novos sentidos para os acontecimentos que a cercam. Nesse movimento, ela demonstra mais independência e interesse pelo pensar. A criança criativa não se entrega ao conformismo e à apatia. Ela procura olhar o mundo externo por vários ângulos, buscando desafios inspiradores para suas brincadeiras.

Qualquer indivíduo que exerça o seu lado criativo consegue sair do lugar de mero reprodutor passivo dos modelos previamente determinados e construir, através do próprio pensamento, novas práticas de fazer, ser e agir. O sujeito criativo tem, assim, o desejo de ser autor e de construir seu próprio conhecimento.

Pais e professores devem conjuntamente auxiliar a criança a desenvolver o imenso leque de possibilidades que podem ser trabalhadas para além das habilidades vinculadas à escola. Campos como os das artes, dos esportes, da cidadania e da consciência grupal propiciam liberdade para que a criança aprenda e crie.

Durante o processo interventivo, ocorre a circulação do saber e do conhecimento, o que possibilita ao aprendiz brincar com a realidade, dando um sentido pessoal aos elementos do ambiente para que os elabore à sua própria maneira. Um dos caminhos que o sujeito pode assim trilhar é misturar ficção e realidade sem se sentir reprimido por não estar dizendo a "verdade" ou julgado por seus possíveis erros. Enquanto ele desenvolve suas atividades artísticas, brincadeiras e jogos de contar por meio de relatos orais, o profissional terapeuta encontra espaço para identificar todo o tipo de entrave ao aprendizado, bem como compreender quais são os potenciais construtivos a serem mais bem trabalhados, objetivando a superação de conflitos que, até então, o impediam de atingir êxito nos ambientes escolar, familiar e social.

Ao utilizar os elementos da Arteterapia, o psicopedagogo favorece ao indivíduo em atendimento executar criações artísticas e representar seus conflitos cognitivos, sociais ou afetivos de maneira simbólica e sutil, porque, segundo Colagrande (2010), "a arte contribui sim para uma formação de melhor qualidade e maiores possibilidades". A produção imagética revela os conteúdos ocultos do inconsciente e possibilita que eles sejam contextualizados e compreendidos pelo participante do processo que, eventualmente, venha alcançar um entendimento maior dos símbolos desvelados, rumando de forma mais profunda ao autoconhecimento e ao fortalecimento da autoestima.

Ao se expressar por meio da Arte, o indivíduo pode resgatar e reconstruir seus potenciais criativos, além de iluminar seus processos internos mais saudáveis e minimizar percepções e sentimentos negativos. Sabemos que um indivíduo, independentemente da idade, só aprende quando de fato tem o real desejo de aprender. Toda a sua produção é importante para se chegar a um diagnóstico e a uma futura intervenção bem-sucedida. Na busca da superação das dificuldades e do desbloqueio das emoções que inibem o pensamento e prejudicam a obtenção do conhecimento, o psicopedagogo estimula no aprendiz o desenvolvimento das relações interpessoais, propiciando dessa forma o estabelecimento de vínculos entre pais e filho e entre escola e aluno. A participação ativa do sujeito no processo interventivo colabora com a ampliação de seu olhar para suas competências autorais, ao passo que o municia de ferramentas que hão de auxiliá-lo numa nova leitura do mundo em que está inserido. O fortalecimento da sua autoestima é consequência inequívoca dessa nova percepção em relação ao seu eu: um eu valorizado, capaz de criar, aprender, ensinar. Um sujeito, enfim, comprometido com a própria história.

Enriquecer o atendimento psicopedagógico com as ferramentas da Arteterapia estimula o indivíduo em sua criatividade e fornece respostas às suas curiosidades por meio de descobertas concretas em um ambiente seguro, confiável e permeado por respeito às individualidades — tudo isso fortalece a autoestima. Ocorrem, assim, a motivação e a descoberta do prazer pelo aprendizado. O sujeito percebe suas capacidades e competências e passa a olhar o mundo em que vive sem a angústia e o desconforto do fracasso, que são efetivamente substituídos pela crença de que é aceito, respeitado e amado por ser apenas como é, independentemente de seus sentimentos e imperfeições.

## As oficinas[2]: características gerais

Com o intuito de ilustrar os aspectos discutidos no presente artigo, será apresentado a seguir o caso clínico de uma adolescente com a autoestima rebaixada e que não tem consciência de suas aptidões. Isso faz com que ela não se sinta segura em utilizar seus conhecimentos, o que interfere negativamente em todas as áreas de sua vida. Essa jovem questiona constantemente sua capacidade intelectual e social, seu processo de aprendizagem e seu desempenho escolar.

Com a intervenção psicopedagógica aliada aos recursos da Arteterapia, ela foi percebendo a possibilidade de se tornar autora de

---

[2] Os contos Zen oriundos de tradição oral que foram ofertados nas oficinas podem ser encontrados no Blog:: http://talidade.blogspot.com/2012/08/contos.html?m=1 (acesso em 25/01/2024)

seu processo de aprendizagem a fim de superar os desafios encontrados nas esferas acadêmica, social e familiar.

Será apresentado um recorte de seis atendimentos realizados em um intervalo de dez meses, com o intuito de demonstrar a correlação entre Arte e Psicopedagogia como meio de superação dos conflitos internos e externos do sujeito, até ampliar sua autoestima.

B. tem 15 anos, cursa o 2°. ano do Ensino Médio em um colégio particular e iniciou seus atendimentos por ter problemas com a mãe e se sentir incapaz de impedir que as colegas se intrometessem em suas escolhas afetivas. É uma jovem sensível e afetuosa, evita situações de conflito e se sente vulnerável e pressionada a escolher o que agrada aos outros.

B. apresenta também problemas de autoconfiança e autoestima. Percebe, ao longo dos atendimentos que, ao assumir responsabilidade por suas escolhas, se torna mais confiante. Sente muita dificuldade em descobrir suas aptidões e, consequentemente, decidir sobre qual caminho trilhar na futura escolha profissional e acadêmica. Tem pouca concentração nos estudos e sempre acha que não irá bem nas avaliações, o que nunca acontece. Acredita que não consegue memorizar os conteúdos escolares. Seu autoconceito é muito baixo. Demonstra preocupação em descobrir sua vocação profissional.

A jovem é bastante preocupada com situações que envolvem suas amigas e sempre se dispõe a ajudá-las, ainda que, muitas vezes, se sinta sobrecarregada por não saber dizer não, pois teme que essa atitude possa provocar uma não aceitação de seus pares.

Tem dificuldade em reconhecer que consegue desfrutar de sucesso em seu desempenho escolar e, quando precisa expor algo em sala de aula, sente-se sempre envergonhada. Declara que sente muita vontade de comer e está se excedendo no número de vezes que se alimenta durante o dia. Parece estar fugindo das responsabilidades.

Ao longo dos atendimentos, questiona o sentido da vida e de suas atitudes. Começa a diferenciar as verdadeiras amizades das amizades oportunistas. Fica mais crítica em relação aos pais e percebe que eles são passíveis de erros e falíveis. Demonstra insatisfação com a rotina que ela mesma criou e percebe que é a responsável para que ocorram mudanças. Começa a assumir, assim, de maneira autônoma, a sua própria história.

B. também apresenta dificuldades em reconhecer e nomear seus sentimentos. Às vezes relata não sentir nada, nenhum afeto, mas por outro lado confessa odiar sentir determinadas emoções.

Seus sonhos são bastante reveladores. Muitos deles apontam que ela precisa enxergar melhor o que acontece ao seu redor, sendo essa a chave para perceber as mudanças internas e externas que vêm ocorrendo em sua vida.

Sente muita ansiedade em relação ao futuro. Há uma autocobrança muito grande em relação às próprias atitudes e escolhas. Nunca está satisfeita com o que faz nem com as decisões que toma.

O olhar do outro é muito importante e, eventualmente, ela aceita situações que não gostaria de aceitar para não desagradar os amigos ou os pais. Preocupa-se muito com o que os outros pensam dela, e não consegue reconhecer o que é bom em sua vida. Compara, constantemente, a vida atual com a do passado.

Sente necessidade de maior profundidade em conversas com amigos e não consegue fazer nada para modificar isso. Sempre pensa que é insuficiente.

## Observações finais: rompendo a crisálida, alçando o primeiro voo

Ao exercitar sua criatividade durante a realização das oficinas que foram ofertadas no percurso dos atendimentos, B. conseguiu construir novas práticas de fazer, de ser e agir. Suas percepções foram ampliadas e a energia, movimentada. No decorrer dos atendimentos, foi deixando aflorar forças interiores até então desconhecidas ou pouco estimuladas em si. O fazer artístico propiciou assim à jovem acessar sentimentos profundos, memórias perdidas, o que a encorajou a propor mudanças significativas em sua própria vida. E, consequentemente, pôde reconhecer melhor suas potencialidades como ser humano.

Ao se permitir ousar no emprego de uma nova técnica e de um novo material, reconheceu que poderia, enfim, transpor todo esse aprendizado ao cotidiano de suas ações e emoções.

A percepção que temos acerca de nossas capacidades individuais e de nossas competências configura-se como importante aspecto para conduzirmos nossa vida com segurança e tranquilidade. A relevância do papel da autoestima na formação e na construção da nossa individualidade evidencia que somos seres em constante aprimoramento.

Compreendemos o quanto a autoestima é necessária quando se trata de indagar e atuar sobre a realidade, respondendo aos desafios e às oportunidades que surgem ao longo do caminho.

Pessoas com autoestima preservada são capazes de se expressar com opiniões próprias em seu mundo externo, contribuindo com sua potência pessoal para modificá-lo e melhorá-lo.

Estamos vivendo um momento na história do mundo, dito civilizado, em que ocorre uma ampla transição da percepção da humanidade. Estamos nos percebendo como seres globais percorrendo uma trajetória planetária, e todas as nossas atitudes — por mais ingênuas que sejam — influenciam uma cadeia de acontecimentos.

Para uma contribuição efetiva na transformação de nossa sociedade, os indivíduos precisam aprender a agir, a pensar e a fantasiar com liberdade, sendo autores ativos de sua própria história.

Esse movimento, entretanto, só é possível quando a autoestima é elevada e motiva o indivíduo a não desistir de um desafio e de um aprendizado, mesmo que ele seja difícil ou demorado, por acreditar que conseguirá alcançar o objetivo.

Diferentemente de quem apresenta baixa autoestima, esse indivíduo é alguém que abre espaço ao desconhecido e à curiosidade, valorizando novas descobertas e possibilidades, além de sempre querer saber mais. Sente-se incomodado, e não bloqueado, e por vontade própria pesquisa, indaga, analisa e encontra novas soluções para velhos problemas. Não paralisa diante do improvável e não tem medo de errar.

É nessa necessidade de resgatar a autoestima da criança ou do jovem que percebemos o quanto a contribuição da Psicopedagogia é de grande valia, sobretudo ao dispor a Arte como facilitadora nas intervenções psicopedagógicas, o que propicia uma maior tomada de consciência de estados de sentimentos e pensamentos, até então ocultos no inconsciente e que são revelados através das atividades expressivas.

A Arte também promove a (re)construção do conhecimento do próprio sujeito e o auxilia na busca de sua autonomia, confiança e segurança para que cresça e aprenda a enxergar melhor a si mesmo e aos outros. Esse processo também fornece as ferramentas para compreendermos que a aprendizagem é um eterno confronto dialético entre equilíbrio e desequilíbrio, o erro e o acerto, o desejo e a negação.

OFICINAS >

CONTATO >

Carolina Braga
WhatsApp – (11) 99589.2197

## REFERÊNCIAS


ALLESSANDRINI, Cristina D. "A microgênese na oficina criativa". In: Revista Psicopedagogia, v. 20, n. 63, 2003.

BRANDEN, Nathaniel. *Autoestima e seus seis pilares.* São Paulo: Saraiva, 2000.

BRIGGS, Dorothy Corkille. *A autoestima do seu filho.* São Paulo: Martins Fontes, 1986.

CHAMAT, Leila S. J. *Relações vinculares e aprendizagem: um enfoque psicopedagógico.* São Paulo: Vetor, 1997.

______. *Técnicas de diagnóstico psicopedagógico.* São Paulo: Vetor, 2004.

CHEVALIER, Jean. *Dicionário de Símbolos.* Rio de Janeiro: José Olympio, 2012.

COLAGRANDE, Claudia. *Arteterapia na prática: diálogos com a arte-educação.* Rio de Janeiro: Wak, 2010.

FERNÁNDEZ, Alicia. *A inteligência aprisionada.* Porto Alegre: Artmed, 1991.

FREKE, Timothy. *O baralho zen.* São Paulo: Pensamento, 2005.

FREUD, Sigmund. *O mal-estar na civilização.* In: Obras completas, v. XXI. Rio de Janeiro: Imago, 1974a.

MIRANDA, Simão de. *Um voo possível: o sucesso escolar nas asas da autoestima.* Campinas: Papirus, 2005.

MOYSÉS, Lúcia. *A autoestima se constrói passo a passo.* Campinas: Papirus, 2001.

PAÍN, Sara. *A função da ignorância.* Porto Alegre: Artmed, 1999.

PHILIPPINI, Angela. *Linguagens, materiais expressivos em arteterapia.* Rio de Janeiro: Wak, 2009.

OSTROWER, Fayga. *Criatividade e processos de criação.* Rio de Janeiro: Editora Vozes, 1978.

______. *Acasos e criação artística.* Campinas: Editora Unicamp, 2013.

# 3. Arteterapia como recurso para o desenvolvimento de identidade(s) em adolescentes acolhidas em Casa Lar

**Maria Júlia S. Bezerra de Meneses**

*Identidade é um conceito multifacetado, que exige sempre um exercício crítico para entender suas ambiguidades e efeitos tão contraditórios. Em suma, ela responde às necessidades do bem e do mal que habitam este 'bicho da terra tão pequeno', como já disse Camões.*

**Ulpiano Toledo Bezerra de Meneses**

Minha experiência profissional na Psicologia se concentrou em grande parte na área social, em especial no trabalho em serviços de acolhimento institucionais para crianças e adolescentes (SAICAS) como técnica psicóloga.

A experiência nos SAICAS e o cenário bibliográfico científico sobre o tema no Brasil motivaram a busca de novas práticas nos referidos serviços de acolhimento, o que se desdobrou na concretização do presente trabalho arteterapêutico, que se soma ao estudo anterior que realizei na Unifesp em 2013, para a especialização em Saúde Mental da Infância e Juventude, cujo tema foi "Serviço de Acolhimento Institucional para Crianças e Adolescentes no Brasil: Uma revisão bibliográfica".

Em contrapartida, desde a infância a prática artística me acompanha, levando-me à especialização em pintura a óleo e à dedicação à criação de bonecos, flores de papel, desenhos com lápis pastel seco e tapeçaria com uso da *punch needle*. Atividades estas que estão presentes no dia a dia do Estúdio Gengibra, um espaço que busca promover Saúde Mental ao público que dele participa, por meio do fazer manual e demais recursos provenientes da Arte.

O presente estudo teve como principal objetivo contribuir para suscitar o desenvolvimento pessoal e autoconsciência de adolescentes acolhidas em Casa Lar, uma das modalidades do Serviço de Proteção da Assistência Social de alta complexidade em São Paulo.

Foram realizadas vivências inseridas em um espaço criativo por meio de recursos expressivos artísticos, abordando-se temas relacionados à identidade dos sujeitos na busca de favorecer a ampliação da consciência e o fortalecimento interno.

Ao ser investigado, o tão complexo tema "identidade" (ou, mais especificamente, "identidade pessoal") pode abrir horizontes para o autoconhecimento, protagonismo da própria história de vida e reconhecimento de potenciais.

Considerando-se que "criar é dar forma a algo e assim produzir novas coerências na consciência" (Ostrower, 1978), este trabalho buscou favorecer a saúde psíquica e a elaboração de ferramentas que beneficiassem a percepção de si no mundo, bem como a possibilidade de lidar com os próprios sentimentos, inclusive podendo transformá-los.

Os encontros ocorreram em um dos anexos que compõem o serviço institucional em uma "sala de artes". Foram realizadas oito oficinas arteterapêuticas, aos domingos, durante o período matutino, com duração de aproximadamente três horas cada uma delas.

Existem inúmeros conceitos referentes à adolescência não só entre diversas áreas do conhecimento, mas também nas diferentes abordagens psicológicas. Algumas concepções sobre adolescência foram norteadoras para o rumo do trabalho:

Thales de Azevedo (1987), médico e antropólogo, descreveu a adolescência como uma idade "biológica", correspondente ao aparecimento dos sinais sexuais secundários — buço, voz grossa nos meninos, e menstruação, pelos e mamas nas meninas —, e "social", ao despertar o "senso de personalidade", quando o sujeito compreende melhor as coisas e há distinção maior dos sexos e do erotismo, além da conquista de maior autonomia em relação aos mais velhos.

Sergio Ozella, psicólogo social, a partir de levantamento sobre a concepção de adolescência de profissionais atuantes em escolas públicas, Fundação Casa, hospitais, Varas da Família e da Infância e Juventude etc., apresenta quatro categorias que marcaram o significado de adolescência:

> A) Adolescência como "etapa": um recorte no tempo, uma fase marcada e delimitada por características "típicas" da idade.
> B) Adolescência como processo: uma visão longitudinal e histórica como parte de um processo de desenvolvimento, de transição para a vida adulta.
> C) Adolescência como uma categoria "inerente", inata, que faz parte da natureza do homem e é inevitável.
> D) Adolescência como resultado de uma "construção social": dependente das relações sociais estabelecidas durante o processo de socialização, incluídos aqui fatores econômicos, sociais, educacionais, políticos, culturais etc. (OZELLA, 2003, p. 23).

Françoise Dolto, psicanalista francesa, ao escrever sobre adolescência buscou criar uma ponte entre os diferentes conceitos existentes a fim de superar desacordos. Ela expôs que:

> [...] alguns especialistas prolongam a infância até a idade dos quatorze anos e situam a adolescência entre 14 e 18 anos, como uma simples transição para a idade adulta. Os que a definem em termos de crescimento, como um período de desenvolvimento muscular e nervoso, tendem a prolongá-la até os 21 anos. Os sociólogos levam em consideração o fenômeno atual dos "adolescentes em atraso", estudantes que prolongam a adolescência vivendo com os pais muito além da maioridade. Alguns psicólogos reduzem a adolescência a um último capítulo da infância. Seria uma idade fechada, uma idade marginal ou uma etapa original e capital da metamorfose da criança em adulto? (DOLTO, 2004, p. 13).

A autora considera que adolescência seria uma fase muito importante de mudança e que esse "estado de adolescência" dura o tempo das projeções recebidas dos adultos e do que a sociedade impõe como limite.

A família, a cultura e o contexto social em que se vive têm relevância na estimulação dos arquétipos da "anima" e do "animus" ao longo de nosso desenvolvimento — é o que expõe Carlos Amadeu Byington, médico psiquiatra e membro fundador da Sociedade Brasileira de Psicologia Analítica, que resgatou a necessidade dos ritos de passagem para a vida adulta, que se estruturam em função "da dominação matriarcal, patriarcal ou de alteridade da cultura, fato que cunhará a identidade adulta do homem e da mulher em função da tradição cultural" (Byington, 1987).

Patrícia Pinna Bernardo, arteterapeuta e psicóloga junguiana, na mesma linha de Byington, também apresenta a fase da alteridade tendo início na época da adolescência:

> [...] Os opostos são relacionados de maneira igualitária e dialética, vistos como aspectos diferentes de uma mesma realidade. Essa fase é voltada para o relacionamento com o outro e com a própria contraparte sexual: o *animus* e a *anima*, ambas funções de relação. A consciência encontra no relacionamento amoroso a expressão simbólica da interação mutuamente fertilizadora entre as polaridades (BERNARDO, 2008, p. 126).

Neste trabalho, adolescência é tratada como um processo decorrente de uma concepção "histórica e cultural" — cada época recente da sociedade ocidental tem abordagens específicas da infância e da adolescência. Ela engloba muitas mudanças biológicas e psíquicas no indivíduo, carregadas de projeções sociais, culturais e familiares. Por ser um processo singular de cada indivíduo, depende do tempo, crescimento e desenvolvimento subjetivo, combinando fatores particulares, como relações interpessoais e histórias de vida.

Quanto ao complexo tema da identidade, psicólogos, historiadores, sociólogos, antropólogos, investigam essa temática e desenrolam as pesquisas nas mais diferentes linhas: pessoal, coletiva, nacional, étnica, sexual, de gênero, política, profissional, religiosa, cultural, etc. Atualmente, fala-se até em identidade digital, que se iniciaria a partir da criação de dados em sistemas e cadastros no computador.

Ulpiano T. Bezerra de Meneses, historiador da USP, explica que a raiz da palavra "identidade", do grego "idios", refere-se a "mesmo", "privado", "si próprio", pressupõe semelhança consigo mesmo, reconhecimento. Pelo conceito, ter como foco o que é semelhante produz e deriva da diferença. O pesquisador aponta ainda que:

> Identidade não seria uma essência, um referencial fixo, mas algo dinâmico, um processo de construção/reconstrução. Além disso, se fundamenta no presente, nas necessidades presentes, ainda que faça apelo ao passado (MENESES, 2012, p. 209).

Antônio da Costa Ciampa (2012), precursor dos estudos sobre identidade como categoria da Psicologia Social na PUC-SP, também destaca o caráter dinâmico da identidade em detrimento da concepção de permanência e estabilidade que permeia o imaginário popular. Aponta a questão das mudanças nas pessoas, algumas previsíveis, outras não. A identidade seria o desenvolvimento do concreto, verbo, metamorfose: "Sermos Um e um Outro, para que cheguemos a ser Um".

Malvina Muszkat, psicóloga clínica e psicanalista, caracteriza identidade como algo que está inserido em um processo de individuação,

> [...] como uma experiência emocional que permite a cada ser perceber-se como entidade única e separada do outro, que é ao mesmo tempo seu semelhante, e como entidade única apesar de suas contínuas transformações (MUSZKAT, 1986, p. 22).

Carlos Amadeu Byington classificou dois tipos de identidade: "a ôntica e a ontológica". Ele afirma que essas duas formas de identidade se inter-relacionam no processo de individuação elaborado por Carl Gustav Jung. Sobre a identidade ôntica, descreve:

> Uma identidade a partir, por exemplo, das características físicas, inclusive da raça, sexo, altura, e suas conotações simbólicas na família e na sociedade. Em função da religião, do status socioeconômico, da profissão dos pais e, mais tarde, da sua própria (BYINGTON, 1988, p. 51).

O pesquisador diz ainda que a identidade ôntica "[...] é uma ponte para a diferenciação da 'identidade ontológica', que seria a identidade única e mais profunda do ser".

Enfim, podemos considerar que, embora existam diversas abordagens e especificidades a percorrer sobre o tema, alguns motivos comuns apresentados pelos pesquisadores nos servem de base para sua compreensão:

1. A classificação de semelhanças e diferenças identificam melhor o indivíduo nas suas relações.
2. A identidade tem caráter dinâmico, fluido, de movimento e transformações ao longo do tempo, não se caracterizando, portanto, como algo cristalizado e de referencial fixo, imutável.
3. Embora a identidade seja dinâmica, há eixos de referência que permanecem ao longo do tempo e que a singularizam.
4. A identidade é fruto de interação, depende do outro, é relacional.

Identidade enquanto processo de contínuo vir a ser é uma constante dialética entre mudanças e permanências no movimento da vida.

Por fim, cabe refletir que o sujeito, enquanto autor e protagonista do movimento de sua existência, tem controle sobre o desenho da trama que deseja construir com as linhas e fios da própria vida. É nessa perspectiva que procuramos guiar este trabalho arteterapêutico.

Antes de expor o trabalho prático realizado, cabe situar a realidade social do público atendido e o contexto em que está inserido, no intuito do melhor encaminhamento do trabalho terapêutico.

As jovens que vivem (dia/noite) em Serviço de Proteção Especial de Alta Complexidade sofreram ao menos um destes motivos de acolhimento: pais/responsáveis em cumprimento de pena; dependência química dos pais/responsáveis; negligência; maus-tratos; violência ou exploração sexual; entre outros.

Todos os motivos que levam crianças e adolescentes à medida protetiva de acolhimento institucional são dolorosos e de intenso sofrimento psíquico e/ou físico. Geralmente, a família de origem tem o prazo de até dois anos para se reestruturar e trabalhar as questões que desencadearam a ruptura da dinâmica e convívio familiar. Quando se esgotam todas as possibilidades de retorno para família de origem é que se efetiva a medida da adoção do sujeito.

Infelizmente, em nossa sociedade atual, a maioria dos pretendentes inscritos no Cadastro Nacional de Adoção do País desejam aceitar apenas crianças da primeira ou segunda infância. Portanto, há muitos adolescentes que permanecem na Casa Lar até sua emancipação ou conquista de autonomia. O prognóstico das adolescentes com que atuamos, segundo relato da gerente da instituição, é que aí fiquem até o início da fase adulta.

Os funcionários do serviço de acolhimento que convivem diariamente na Casa Lar têm grande influência na representação e construção dos modelos de figura masculina e feminina dos acolhidos, assim como os demais recursos que interagem no dia a dia das jovens, como os professores, por exemplo. Em termos de lei, cabe ao gerente do SAICA o papel de "guardião" temporário, o que o faz responsável por assegurar a plena garantia do cumprimento dos direitos e desenvolvimento das crianças e adolescentes acolhidos no local.

## Breve histórico das jovens

Peônia: 15 anos, acolhida desde 2007. Não recebe visita da família de origem desde 2010. Tem mais uma irmã acolhida. Motivo do acolhimento: dependência química dos responsáveis, negligência e risco pessoal.

Santolina: 16 anos, acolhida desde 2009, sem irmãos. Motivo de acolhimento: maus-tratos e situação de rua.

Begônia: 14 anos, acolhida desde 2015, veio para a instituição juntamente com três irmãs e uma sobrinha. Motivo do acolhimento: dependência química dos responsáveis e negligência.

Íris: 13 anos, acolhida desde 2012 junto de seus cinco irmãos. Motivo do acolhimento: dependência química dos responsáveis e maus-tratos.

## Considerações finais

O trabalho foi realizado com quatro adolescentes, do gênero feminino, na faixa etária de 13 a 17 anos, acolhidas na Casa Lar Helen Drexell, que fica na cidade de São Paulo. A escolha das participantes foi realizada pela gerente da Instituição.

O "caminho heroico" percorrido por cada jovem durante o processo de criação das obras realizadas nas oficinas, superando barreiras internas ao realizar tarefas e a pressão estética quanto ao resultado, gerou o reconhecimento de suas habilidades e segurança em suas produções, o que nos sugere que a aquisição destes favorece a conquista de autonomia e o protagonismo/autoria de suas histórias, ocupando um papel principal na trama de suas vidas.

A promoção de saúde mental pôde ser assim semeada e as atividades expressivas forneceram adubo para que novos cultivos pudessem nascer. Foi possível resgatar a história pessoal e encarar "marcas" identitárias, favorecendo a transformação de sentimentos e a aceitação da responsabilidade individual de cada uma em trilhar o caminho futuro de suas vidas.

Ao finalizar essa prática, percebi quão rica e significativa foi essa experiência vivenciada pelas oficinas arteterapêuticas. Observei que, ao se objetivar na matéria (mundo exterior) sentimentos e sensações (mundo interior), abrem-se possibilidades e espaço para o desenvolvimento de novos olhares e percepções sobre experiências, sentimentos, crenças e julgamentos, que muitas vezes ficam cristalizados dentro de cada um.

Essa experiência, como contribuição científica para construção de novas práticas em SAICAS, teve grande sucesso. É uma área fértil para abordar diversas questões que permeiam a vivência em abrigos institucionais, tanto no trabalho com crianças e adolescentes, quanto no trabalho com educadores e equipes técnicas.

Seria importante que este projeto fosse aplicado em outros sujeitos acolhidos em serviços de acolhimento institucional, para que mais dados de análise sobre mecanismos e conteúdos identitários fossem obtidos, uma vez que o *feedback* das atividades trouxe valiosos elementos sobre o tema.

OFICINAS >

CONTATO >

Maria Júlia S. Bezerra de Meneses
WhatsApp - (11) 98833.3983
Instagram: @mjsbm

## REFERÊNCIAS

AZEVEDO, Thales de. *Ciclo da vida: ritos e ritmos.* São Paulo: Ática, 1987.

BERNARDO, Patrícia Pinna. "Em busca do Pote de Ouro: trabalhando com contos e histórias em oficinas de criatividade!". In: CUPERTINO, C. M. B. *Espaços de criação em psicologia: oficinas na prática.* São Paulo: Annablume, 2008.

___________. *Temas centrais em arteterapia.* Coleção: A prática da arteterapia — correlações entre temas e recursos (volume I). São Paulo: Arteterapinna, 2013.

___________. *A Alquimia nos contos e mitos e a Arteterapia: criatividade, transformação e individuação.* Coleção: A prática da arteterapia — correlações entre temas e recursos (volume V). São Paulo: Arterapinna Editorial, 2014.

BYINGTON, Carlos A. *Desenvolvimento da personalidade: símbolos e arquétipos.* São Paulo: Ática, 1987.

______. *Dimensões simbólicas da personalidade.* São Paulo: Ática, 1988.

_______. *O desenvolvimento da personalidade: as sete etapas da vida.* (no prelo) São Paulo, 2008. Disponível em: http://www.carlosbyington.com.br/site/wp-content/themes/drcarlosbyington/PDF/pt/o_desenvolvimento_da_personalidade_e_as_sete_etapas_da_vida.pdf (acesso em 27/01/2024)

CNAS. Conselho Nacional de Assistência Social. Orientações técnicas: serviços de acolhimento para crianças e adolescentes. Brasília: Conanda, 2009.

DOLTO, Françoise. *A causa dos adolescentes.* São Paulo: Ideias & Letras, 2004.

MENESES, M. J. S. B. *Estudos sobre serviços de acolhimento institucional para crianças e adolescentes no Brasil: uma revisão bibliográfica.* [Monografia] Universidade Federal de São Paulo, CESMIA, São Paulo, 2013.

MENESES, Ulpiano T. Bezerra de. "A problemática da identidade cultural nos museus: de objetivo (de ação) a objeto (de conhecimento)". In: Anais do Museu Paulista [online], São Paulo, v. 1, n. 1, 1993. Disponível em: <http://www.scielo.br/scielo.php?script=sci_arttext&pid=S0101-47141993000100014&lng=en&nrm=iso>. ISSN 0101-4714. http://dx.doi.org/10.1590/S0101-47141993000100014. (acesso em 20/08/2023)

MUSZKAT, Malvina. *Consciência e identidade.* São Paulo: Ática, 1986.

OZELLA, Sergio. *Adolescências construídas: a visão da psicologia sócio-histórica.* São Paulo: Cortez, 2003.

VIDIGAL, Cláudia (coord.). *Fazendo minha história: guia de ação para colaboradores.* São Paulo: Associação Fazendo História, 2014.

# 4. Adolescência: jornada heroica na deficiência intelectual guiada pela Arteterapia

**Adriana Mendonça**

*Dizem que adolescer*

*É aborrecer...*

*(na verdade, é mesmo!)*

*Mas, na verdade,*

*Adolescer é...*

*Crescer...*

*Florescer...*

*Amadurecer...*

*Um movimento*

*A caminho do*

*Adultecer!*

**Simone Sabino**

*A própria vida é o processo criativo por excelência.*

**Carl Gustav Jung**

## Minha trajetória rumo à Arteterapia

O presente artigo busca analisar meus 22 anos de atuação com adolescentes portadores de deficiência intelectual na APAE, em Bebedouro, município do Estado de São Paulo. No ano 2000, visitei a Bienal Brasil 500, na cidade de São Paulo, e me encantei com as obras expostas, em especial com uma sala escura em que era exibido um vídeo sobre Nise da Silveira. Nesse documentário, a médica psiquiatra brasileira relatava o tratamento por ela desenvolvido para reabilitar pacientes esquizofrênicos, usando a Arte como suporte. Depois de assistir por duas vezes ao vídeo, circulei pela exposição para olhar as produções artísticas dos pacientes de Nise.

Confesso que, naquele momento, sentia algo em meu coração: eu estava vendo além da beleza, pois as obras pareciam ter vida e eu me sentia capaz de ouvir, entender e sentir; foi uma experiência que transformou completamente minha maneira de atuar no trabalho e o modo de estudar a deficiência intelectual. Eu, estudante de Educação Artística, comecei a pesquisar sobre Psicologia com a mesma intensidade que estudava Arte. Na faculdade, estava aprendendo a modelar esculturas em argila e me transformei em meu próprio laboratório. Usava a escrita para refletir e encontrar sentido para minha produção. Levei meus conhecimentos para o trabalho na APAE e criei uma oficina de expressão artística, tendo como suporte a argila, para que os alunos fossem estimulados a criar e se expressar.

Iniciando meus estudos de Pós-Graduação em Arteterapia, na Unip, sob a coordenação da Dra. Patrícia Pinna Bernardo, experienciei uma atividade em sala de aula cuja proposta era a criação de uma janela aberta para nossos sonhos e projetos feita com colagens diversas. Após a elaboração da atividade, redigi um texto em que narrava a minha dedicação à Arteterapia a que chamei de "O começo":

> "O começo" de minha caminhada arteterapêutica. A semente foi plantada, a primavera está chegando e as flores vão surgir; estou esperando por elas, quero ver como plantei minhas sementes. Acredito que vão nascer flores lindas, cheias de potenciais, coloridas, vistosas. Já consigo até enxergar um jardim, perfumes que o vento irá levar a outras pessoas, e estas, ao sentir, vão dizer: "como é bom esse perfume"; outras vão sentir seus olhos brilharem ao enxergar tantas flores, tantas cores, e vão pensar: que potencial tem esse jardim! As flores e perfumes eu retiro dos livros, palavras, aulas, leituras agradáveis, encantadoras, que me alimentam, permitindo criações, experimentações, provocando novas descobertas e desafios, num eterno caminho para o autoconhecimento.

## A deficiência intelectual na adolescência

*Só aquilo que somos realmente tem o poder de curar-nos.*

Carl Gustav Jung

Em uma aula do curso de Arteterapia na Unip, ministrada pela Profa. Lídia Lacava, fui apresentada à identidade e ao papel do arteterapeuta, um profissional que age como guia e facilitador da busca interior e que, por meio de experimentos, ajuda o sujeito a revelar suas potencialidades interiores e descobrir novos caminhos para seguir, bem como ser um agente de sua própria saúde e de seus processos de crescimento, encontrando, assim, um sentido relevante e significativo nas próprias produções criativas em Arte.

Compreendi, assim, qual seria o meu papel, a minha escolha, e como a Arteterapia poderia contribuir em meu percurso profissional, minha jornada heroica. Foi nesse momento que consegui enxergar a estrutura e o caminho para meu projeto. Tinha a convicção de que ampliaria meu conhecimento e, principalmente, minha atuação junto ao público-alvo: jovens com deficiência intelectual atendidos na APAE. Os adolescentes que participariam do projeto tinham múltiplas deficiências, porém incontáveis habilidades e eficiências que apenas necessitavam de estímulo e motivação para virem à luz.

As vivências elaboradas tinham por objetivo proporcionar o resgate da autonomia, a assunção da responsabilidade pelas próprias atitudes e escolhas, a criação e análises das representações do "eu interior", a percepção de si como deficiente na própria família e na escola e, finalmente, um olhar sem medo para a vida com deficiência.

Durante a execução do projeto, foi proposta a elaboração de um livro (diário autobiográfico). Ao participar das vivências arteterapêuticas, os jovens aliariam sua escrita a desenhos, colagens, fotos das atividades, buscando, através da reflexão diante da atividade realizada, fortalecer o poder transformador do mundo interior e entrar em contato com o arquétipo do herói, bem como expressar seu entendimento da deficiência em seu cotidiano.

Ao propor aos adolescentes um mergulho no arquétipo do herói através de criações artísticas, o projeto ofereceu a oportunidade de que, por meio de formas universais coletivas, básicas e típicas da vivência de determinadas experiências recorrentes, eles expressassem a capacidade criativa única e autônoma da psique.

Grinberg, em seu livro *O homem criativo* (2003), estabeleceu que a adolescência é uma fase na qual o jovem se vê obrigado a se diferenciar dos seus pais e ir ao encontro de sua identidade profunda. Nessa fase, os pais enfrentam uma guerra de força com seus filhos. Além de toda mudança física, hormonal e emocional, os adolescentes desse estudo em particular têm que enfrentar a descrença cultural de seus pais, que acreditam que a deficiência intelectual impede o desenvolvimento da autonomia, da maturidade, da socialização e manifestação da sexualidade. A falta de conhecimento e aceitação amplia a distância dialógica entre pais e filhos. Essa desinformação pode colocar os jovens em riscos como gravidez precoce, doenças sexualmente transmissíveis e agressões físicas. A família, em muitas ocasiões, assume um comportamento diante do jovem com deficiência intelectual de negação da realidade. Acreditam que o sujeito crescerá fisicamente, mas não se desenvolverá psíquica e emocionalmente. O jovem é anulado em seu sentir, desejar e socializar, o que pode provocar conflitos internos e externos.

Lídia Lacava descreve que:

> Essa é a fase do desenvolvimento em que o grupo tem um valor significativo, e a troca de experiências, nessa faixa etária, por si só já mobiliza um componente terapêutico. Pensar, falar, escrever sobre si é fazer-se existir com sentido de verdade, é inscrever-se

> como sujeito atuante, é constituir-se como ser que tem e busca o sentido e significado da vida (LACAVA, 2011, p. 252).

A deficiência intelectual é a principal característica do grupo desse estudo. Os jovens participantes apresentam limitação em habilidades como comunicação, cognição, autocuidado, atividades diárias, adaptação social, saúde física e emocional, segurança social, uso de recursos da comunidade, desempenho acadêmico e trabalho. Alguns dos sujeitos da pesquisa têm alguma deficiência associada (física, visual, auditiva, sindrômica), são deficientes múltiplos. Todos apresentam atraso cognitivo e necessitam de mais tempo para desenvolver sua aprendizagem, quer seja na fala e locomoção, quer seja na leitura, escrita e autocuidado.

A definição da deficiência ao longo dos anos tem apresentado diversas nomenclaturas. Em 2002, a AAMR (American Association on Mental Retardation — Associação Americana em Deficiência Intelectual) definiu:

> Retardo mental é uma incapacidade caracterizada por importantes limitações, tanto no funcionamento intelectual quanto no comportamento adaptativo, e está expresso nas habilidades adaptativas conceituais, sociais e práticas. Essa incapacidade tem início antes dos 18 anos. As cinco hipóteses são essenciais para a aplicação dessa definição:
>
> 1. As limitações no funcionamento atual devem ser consideradas dentro do contexto dos ambientes da comunidade característicos das pessoas da mesma faixa etária e da mesma cultura do indivíduo.
> 2. A avaliação válida considera a diversidade cultural e linguística, e também as diferenças na comunicação, nos fatores sensoriais, motores e comportamentais.

3. Em cada indivíduo, as limitações frequentemente coexistem com as potencialidades.
4. Um propósito importante ao descrever as limitações é o de desenvolver um perfil aos apoios necessários.
5. Com cinco apoios personalizados apropriados durante certo período, o funcionamento cotidiano da pessoa com retardo mental em geral melhora (AAMR, 2006, p. 25).

Ao examinarmos com atenção, percebemos que cada pessoa é uma, com suas experiências e história de vida; com o deficiente não acontece de maneira diferente: ele é capaz de ter experiências, de construir a própria história e revelar seu conhecimento; consegue aprender, ser útil para a sua família, escola, comunidade. Porém, para que isso se efetive, ele necessita, em regra, de mais tempo e apoio externo para seguir adiante. É importante que ele tenha espaço seguro para desenvolver sua criatividade, assim ampliando sua capacidade para conhecer o mundo e a si mesmo. É de fundamental importância que não aconteçam generalizações e rótulos em seu nível de rendimento. O reconhecimento de suas capacidades e as oportunidades apresentadas são o que fortalecerá a jornada heroica, transformando-os em indivíduos capazes de seguir sua trajetória com autonomia.

A AAMR tem se preocupado em compreender, definir e classificar o campo da deficiência intelectual. Em 2010, houve um consenso sobre o tema que melhor poderia identificar essa deficiência. Maria Amélia Almeida, esclarece as diferenças entre "deficiência intelectual" e "deficiência de desenvolvimento", considerando esta última um termo abrangente que inclui a deficiência intelectual, bem como as deficiências físicas. Segundo a pesquisadora, a deficiência intelectual abrange a parte "cognitiva" da definição, ou seja, aquelas deficiências que estão amplamente relacionadas ao pensamento processual. Ela afirma que:

> A mudança do termo "deficiência/retardo mental" para "deficiência intelectual" fez com que o termo se tornasse menos ofensivo às pessoas com deficiência, além de: (a) estar mais consistente com a terminologia utilizada internacionalmente; (b) enfatizar o fato de que a deficiência intelectual não é mais considerada um traço absoluto e invariável de uma pessoa; (c) alinhar-se com as atuais práticas profissionais que se concentram na prestação de apoios adaptados às pessoas para melhorar o seu funcionamento em ambientes específicos; (d) abrir o caminho para o entendimento e a busca de uma "identidade de deficiência", que inclui princípios como a autoestima, o bem-estar subjetivo, o orgulho e engajamento na ação política, entre outros (ALMEIDA, 2012, pp. 53-54).

Mestre em Educação Especial, Generosa Ferraz (2012) demonstra que as dificuldades enfrentadas pelos alunos com deficiência dizem respeito mais às limitações e deficiências da sociedade e do meio do que dos próprios alunos. Em sua pesquisa, Ferraz sustenta que a condição de deficiência intelectual não pode nunca predeterminar qual será o limite de desenvolvimento do indivíduo.

Ao trabalhar no Cape (Centro de apoio Pedagógico Especializado), por meio de estratégias de aprendizagem aluno a aluno, essa autora pôde compreender melhor as pessoas que, por algum motivo, são diferentes. A partir desse trabalho, conclui-se que, quando os alunos compreendem que todo aluno é diferente, deixam de fazer brincadeiras cruéis e podem se tornar amigos, o que favorece a aprendizagem e transforma o ambiente em algo interessante, acolhedor e produtivo.

Em seu artigo: "Caminhos para a construção de um ensino-aprendizagem colaborativo", inserido no livro organizado por Maria Amélia Almeida (2012), Generosa Ferraz (2012) afirma que é preciso olhar além da deficiência, focalizando o aluno como pessoa — isso quer dizer que o educador deve reconhecer as múltiplas dimensões do sujeito e compreender que, cada aluno, deve receber condições básicas para que consiga ampliar seu conhecimento, sendo estimulado para novas conquistas, novas aprendizagens.

Penso ser importante que a sociedade dê aos jovens com deficiência intelectual a possibilidade do desenvolvimento pleno de suas potencialidades para assim poderem viver e trabalhar com dignidade, melhorando sua qualidade de vida e assumindo com responsabilidade suas escolhas e decisões, enfim, valorizando suas aprendizagens.

## O diálogo com a Arteterapia em grupo

*Quem olha para fora sonha. Quem olha para dentro desperta.*

Carl Gustav Jung

Tendo em vista que a Arteterapia pode atuar em diferentes campos, escolhi, ao elaborar este projeto, a Arteterapia Institucional, e compus um grupo com 15 adolescentes deficientes intelectuais participantes das atividades da APAE/Bebedouro. O objetivo do estudo foi aplicar as ferramentas da Arteterapia e analisar as contribuições da Arte como suporte terapêutico facilitador na integração de diferentes linguagens, ressignificando pensamentos e emoções e corroborando novos significados para o momento existencial desses jovens. Maíra Bonafé Sei (2012), em seu artigo "O grupo e as grupoterapias", afirma que práticas grupais e trabalhos de expressão plástica permitem que cada pessoa toque o "si mesmo", fortalecendo sua conexão com o universo e direcionando a energia criativa para a elaboração de projetos de vida.

Para Bernardo, o trabalho em Arteterapia consiste em:

> Concretizar fora de nós, através de recursos expressivos, as imagens que nos habitam, o que nos ajuda a perceber o fio que reúne essas

> imagens numa única narrativa, propiciando a nossa participação consciente na criação de nosso mito pessoal... e se não pararmos por aí, e aprofundarmos ainda mais o olhar, perceberemos que os fios que compõem a nossa história de vida estão entrelaçados a um tecido coletivo (BERNARDO, 2010, pp. 20-21).

É importante salientar, neste momento, que a Arteterapia facilita a comunicação do sujeito consigo mesmo e com o outro, fazendo com que ele se sinta livre para expor seu interior e perceber, durante as vivências arteterapêuticas em grupo, que está em um ambiente seguro, que poderá acessar questões delicadas suas, pois estas poderão ser acolhidas respeitosamente.

A jornada heroica, segundo Bernardo, nos leva ao interior de nós mesmos. Ela complementa:

> Todos os recursos arteterapêuticos podem nos auxiliar nessa jornada heroica que nos leva ao interior de nós mesmos, de onde extraímos recursos para o pleno desenvolvimento de nossos potenciais e talentos, nos religando a um sentido mais amplo para a nossa existência, mas cada um deles traz consigo possibilidades latentes que o tornam especialmente indicado para trabalhar determinadas questões internas e temas significativos para o nosso crescimento (BERNARDO, 2008, p. 17).

Para atingir o objetivo desejado, é necessário que o arteterapeuta conheça algumas técnicas artísticas, tenha bom conhecimento de Psicologia e estabeleça a relação do material/cliente/situação.

Segundo Pearson:

> A jornada do herói consiste primeiramente na realização de uma jornada para encontrar o tesouro representado pelo nosso

> verdadeiro *self* e, em seguida, na volta ao ponto de partida para dar nossa contribuição no sentido de ajudar a transformar o reino — e, ao fazê-lo, transformar a nossa própria vida. Embora a procura propriamente dita esteja repleta de perigos e de armadilhas, ela nos oferece uma grande recompensa: a capacidade de sermos bem-sucedidos no mundo, o conhecimento dos mistérios da alma humana, a oportunidade de encontrar e de expressar nossos dons sem iguais no mundo e de viver em harmonia com outras pessoas (PEARSON, 1991, p. 15).

Atuar em grupo é uma característica humana; somos seres inseridos em grupos desde o nascimento; nosso grupo familiar é o primeiro meio que nos cerca, e, como fundamenta Zimerman (1997), a essência de todo e qualquer indivíduo consiste no fato de ele ser portador de um conjunto de sistemas: desejos, identificações, valores, capacidades, mecanismos defensivos. Para o autor, somos dependentes e interdependentes, precisamos de reconhecimento, de sermos aceitos pelo outro, o que, em suma, manifesta-se como regra de convivência e desenvolvimento de habilidades sociais.

Ele descreve, com clareza, como o mundo interior e o exterior são a continuidade um do outro, da mesma forma que o indivíduo e o social não existem separadamente, pelo contrário, se diluem, interpenetram-se, complementam-se e confundem-se entre si.

Quando Philippini (2011) afirma que grupos são como organismos vivos e portadores de características peculiares, sejam favoráveis ou desfavoráveis, mais um dos objetivos deste projeto é experienciado de maneira probatória. Temos ciência de que, ao utilizarmos técnicas expressivas durante as vivências, criamos um espaço sagrado e um momento adequado para promover as transformações, a expansão da consciência no contexto da jornada subjetiva e coletiva.

Nesse sentido, Bernardo afirma:

> O primeiro passo no processo arteterapêutico, em qualquer contexto em que ele se desenrole, consiste na criação de um espaço acolhedor e respeitoso, em que os participantes se sintam seguros e confortáveis, facilitando a construção do vínculo e viabilizando a vivência do processo de transformação interior que o trabalho com criatividade desencadeia (BERNARDO, 2008, p. 14).

## Os heróis da jornada

*Coletivamente, à medida que todos vão dando sua contribuição, o reino é transformado.*

Carol S. Pearson

Para este projeto, foram escolhidos adolescentes com deficiência intelectual que estudam na APAE de Bebedouro (SP) e participam do Programa Oficina.

A APAE de Bebedouro, desde 1972, desenvolve projetos e programas que buscam promover a articulação da defesa de direitos e a melhoria da qualidade de vida e do pleno exercício da cidadania da pessoa com deficiência intelectual e múltipla, e de diversas síndromes. Atualmente, atende 460 alunos, com atendimentos especializados nas áreas de Fisioterapia, Fonoaudiologia, Terapia Ocupacional, Psicologia, Psiquiatria, Pediatria, Neurologia, Pedagogia, Arte e Educação Física.

O Programa Oficina, em que estudam alunos com idade acima de 14 anos, com capacidade de produzir e participar do mercado de trabalho, desenvolve atividades voltadas para a educação profissional e cursos de qualificação para o mercado de trabalho, além de técnicas artesanais. Os jovens participantes apresentam excelentes habilidades manuais e domínio da técnica. São orientados a desenvolver produtos de qualidade, tendo em vista a preocupação com a autoexpressão e o cuidado estético com o produto final.

No Programa Oficina acontecem dois projetos: o "Fazendo Arte" e o "Trampolim" . Os alunos selecionados para participar desta pesquisa pertencem ao projeto "Trampolim" , pois dominam as técnicas artesanais e são multiplicadores. Em geral, apresentam comportamento colaborativo com seus pares, demostram capacidade cognitiva para fazer associações moderadas e expressam projetos realistas para suas vidas profissional e pessoal.

## As oficinas: características gerais

*O heroísmo consiste não apenas em*

*encontrar uma nova verdade,*

*mas também em ter coragem*

*de agir de acordo com essa visão.*

Carol S. Pearson

O objetivo deste estudo consistiu em avaliar a efetividade das vivências em Arteterapia, em grupos de adolescentes com deficiência intelectual, como elemento mobilizador para o autoconhecimento dos jovens que se encontram em um processo de transformação biopsicossocial, buscando a inserção profissional no mercado de trabalho.

Para iniciar esse projeto, que fez parte de minha formação, os alunos receberam um convite explicativo da proposta e uma avaliação das características de cada integrante do grupo. Em seguida, foram realizadas diversas atividades individuais e em grupo com o intuito de sensibilizar os jovens no início de cada oficina: visualização criativa, exercícios de respiração guiada, música, leitura de histórias. As atividades expressivas envolveram diferentes recursos expressivos, tais como:

confecção de móbiles, decoração de moldura de espelho, a técnica do "Bastão de fala" (*talk stick*), pintura, desenho, colagem, escrita criativa; todas as técnicas utilizadas objetivavam atingir o desenvolvimento do autoconhecimento, a expansão da consciência, a reflexão e busca de respostas para dúvidas internas e o auxílio na resolução de conflitos inerentes às questões cotidianas vividas por esses adolescentes.

Os encontros foram gravados em vídeos e fotografados, possibilitando, posteriormente, a observação detalhada das vivências pelos jovens de maneira individual ou grupal. A reação dos jovens ao observar, escutar ou assistir esse material enriqueceu a relação inter e intrapessoal do grupo.

No último encontro, os jovens foram apresentados a toda a jornada criativa por eles percorrida, oportunidade que abriu espaço para novas reflexões, advindas das experiências e de possíveis relações com a deficiência. Enfatizou-se, ainda, a necessidade de compreender a produção arteterapêutica como ferramenta facilitadora, valorizando a imagem simbólica advinda da proposta, sem a preocupação com a estética do produto final.

Ao analisar o percurso caminhado durante o projeto, os jovens puderam ressignificar suas experiências, descortinar potencialidades adormecidas, ampliar o olhar para dentro de si e expandir seu papel na família e sociedade. Segundo Bernardo (2008), vários recursos arteterapêuticos carregam em si a capacidade de promover esse olhar para dentro e ajudar na comunicação consciente e inconsciente, desenvolvendo assim, durante o processo, uma jornada de possibilidades.

Ao elaborar o projeto, houve a preocupação em eternizar o momento vivido por meio da confecção de um "diário autobiográfico". Unindo a escrita com as imagens de seu processo, cada integrante do grupo foi o autor da sua própria história e pôde resgatar sua memória afetiva e estimular a cognição. Lacava afirma que:

> A escrita de um diário, a partir de um discurso narrativo e de imagens, é uma experiência que instaura um sentido mais profundo na criação, pois o sujeito narra não somente o que lhe sucede, mas também o que sente e como sente (LACAVA, 2011, p. 253).

> É um exercício de ampliação da consciência, essa consciência ampliada "vai além do aqui e agora da consciência central, em direção tanto ao passado quanto ao futuro". O tempo presente é importante, mas paralelamente à revisão do passado a à antevisão do futuro, fazendo parte do registro autobiográfico de um indivíduo (DAMÁSIO *apud* LACAVA, 2011, p. 253).

Saber ler e escrever era também um sonho dos participantes desse estudo, pois a maioria dos jovens desse grupo não eram alfabetizados. Alguns escreviam quando lhes era soletrada a palavra; outros copiavam, mas não entendiam o significado da mensagem; alguns tornaram-se escribas dos amigos e, apesar dos erros, a mensagem do texto era compreensível.

## Considerações finais: o despertar do herói

*Existe algo mais importante além de viver e sonhar: despertar.*

Antônio Machado

O objetivo desta pesquisa foi observar como a Arteterapia pode colaborar com o processo de ampliação da autopercepção e o florescimento de potencialidades ainda desconhecidas, demostrando, principalmente, do que a pessoa com deficiência intelectual é capaz. Ao término das oficinas do projeto "Adolescência: jornada heroica na deficiência intelectual", chegou-se às seguintes conclusões:

Os sujeitos da pesquisa demonstraram inteireza, prazer, respeito, espírito colaborador, disciplina, receptividade e curiosidade com as propostas. Compreenderam as possibilidades e, na maior parte das vivências, tiveram atitudes ativas, demonstrando motivação e estabelecendo um bom contato com a proposta e os materiais utilizados.

Ao entrarem em contato com o processo artístico, deixaram fluir e emergir do inconsciente questões diversas, repensando aspectos de suas vidas, entrando em contato com o arquétipo do herói, empoderando-se, percebendo e conseguindo demonstrar o que os torna capazes, apesar da deficiência intelectual, possibilitando-lhes um olhar mais presente sobre si mesmos.

Através das falas dos jovens no grupo, as dificuldades, a coragem, as angústias e dúvidas foram aos poucos sendo contatadas de uma outra maneira, com muito respeito e cumplicidade, demonstrando que é possível, sim, falar sobre aquilo que nos assusta para podermos transformar. "A relação dos sujeitos do grupo pode ser ampliada, gerando transformações, fortalecimento de vínculos e um clima de acolhimento e respeito ao sentir do outro", sustenta Lacava (2011).

Ao entrarem em contato com o que criaram nas oficinas, os participantes puderam ter uma visão mais ampla sobre quem são, sobre a família, a sexualidade, amor, amigos etc.

A maior parte dos jovens, apesar de imaturos, saíram mais reflexivos, mais atentos às mudanças, demonstraram mais consciência, programando suas ações, levantando hipóteses e vislumbrando um caminho para trilhar de maneira mais autônoma sua jornada heroica. Para outros, foi um novo momento em suas vidas... momento de grandes descobertas e início de uma reflexão maior, conforme o seu nível de entendimento.

Sendo assim, concluiu-se que o grupo de adolescentes com deficiência intelectual, por meio dos recursos arteterapêuticos, vivenciados em dinâmicas grupais, conseguiu construir e articular passos realistas em suas vidas, tornando-as mais significativas.

E, para finalizar, uma citação do mestre:

> *Não atingimos a iluminação imaginando coisas que simbolizam a luz, mas tornando a escuridão consciente.*
>
> Carl Gustav Jung

OFICINAS >

CONTATO >

Adriana Mendonça
WhatsApp – (17) 99611.2068
Instagram: @drika.mendonca

## REFERÊNCIAS

AAMR. American Association on Mental Retardation. *Retardo mental: definição, classificação e sistema de apoio.* Porto Alegre: Artmed, 2006.

ALMEIDA, Maria Amélia (org.). *O caminho da deficiência intelectual e classificação pelo sistema de suporte/apoio.* São Paulo: SE, 2012.

BANZHAF, Hajo. *O tarô e a viagem do herói.* São Paulo: Pensamento, 1997.

BERNARDO, Patrícia Pinna. *Arteterapia e mitologia criativa: orquestrando limiares.* Coleção: A prática da arteterapia — correlações entre temas e recursos (volume IV). São Paulo: Edição da autora, 2010.

FERRAZ, Generosa Monteiro. *Deficiência intelectual: realidade e ação*. São Paulo: Secretária da Educação. Núcleo de Apoio Pedagógico Especializado (CAPE), 2012.

GAWAIN, Shakti. *Visualização criativa: use o poder da imaginação para criar o que você quer na vida*. São Paulo: Pensamento, 2006.

GOMES, Adriana Limaverde *et al*. *Atendimento educacional especializado: deficiência mental*. São Paulo: MEC/ SEESP, 2007.

GRINBERG, Luiz Paulo. *Jung, o homem criativo*. São Paulo: FTD, 2003.

LACAVA, Lídia. "Arte-reabilitação, memória e neuroplasticidade: estudo de caso com adolescentes da clínica de lesão encefálica adquirida na infância". In: FRANCISQUETTI, Ana Alice (org.). *Arte-reabilitação*. São Paulo: Memnon, 2011.

PEARSON, Carol S. *O despertar do herói interior: a presença dos 12 arquétipos nos processos de autodescoberta e de transformação do mundo*. São Paulo: Pensamento, 1991.

PERERA, Sylvia Brinton. *O complexo de bode expiatório: rumo a uma mitologia da sombra e da culpa*. São Paulo: Cultrix, 1986.

PHILIPPINI, Angela. *Grupos em Arteterapia: redes criativas para colorir vidas*. Rio de Janeiro: Wak, 2011.

SEI, Maíra Bonafé. "O grupo e as grupoterapias". In: SEI, Maíra Bonafé e GONÇALVES, Tatiana Fecchio (org.). *Arteterapia com grupos: aspectos teóricos e prático*. São Paulo: Casa do psicólogo, 2011.

URRUTIGARAY, Maria Cristina. *Arteterapia: a transformação pessoal pelas imagens*. Rio de Janeiro: Wak, 2011.

VALLADARES, Ana Cláudia Afonso. *A arteterapia humanizando os espaços de saúde*. São Paulo: CasaPsi Livraria, Editora e Gráfica, 2008.

ZIMERMAN, David E. "Importância e conceituação de grupo". In: ZIMERMAN, d. E. *Fundamentos básicos das grupoterapias*. Porto Alegre: Artmed, 2000.

# 5. O código do cavaleiro fortalecendo a identidade em pessoas com síndrome de down através da Arteterapia

**Alexandre Eschenbach**

*O sonho da igualdade só cresce*
*no terreno do respeito pelas diferenças.*
**Augusto Cury**

Meu primeiro contato com o Instituto *Chefs* Especiais, situado em São Paulo, foi através de um projeto chamado "*Chefs* Imaginários", do qual participei pintando um quadro a ser leiloado para angariar fundos para o instituto, em razão dos seus 8 anos de existência. O instituto ministra aulas gratuitas com grandes nomes da gastronomia nacional para as pessoas com síndrome de Down que o frequentam. O intuito é que elas aprendam a cozinhar e possam ter mais autonomia no seu dia a dia. Algum tempo depois, fui convidado a ministrar oficinas de Arte no instituto, utilizando papéis, recortes e desenho, para que as pessoas fizessem seus próprios "*Chefs* Imaginários", e vi o quanto ministrar oficinas e ajudar os outros me fazia bem.

Acabei tomando conhecimento sobre a Arteterapia por intermédio de uma amiga psicóloga e resolvi fazer a pós-graduação na Unip, para poder realizar um trabalho mais profundo e enriquecedor com as referidas oficinas.

O objetivo dessa prática, que fez parte de minha formação, consistiu em, através da Arteterapia, ajudar pessoas com síndrome de Down a descobrir e fortalecer sua identidade e trabalhar sua autoestima, para que consigam enfrentar o preconceito e exigências da sociedade, que as exclui por serem consideradas diferentes dos outros. Esse trabalho teve caráter coadjuvante, somando-se ao que já é feito no instituto através de cursos e treinamentos.

Nesse processo, desenvolvi uma linha mestra a partir da figura do Cavaleiro, que representa entre outras coisas força, nobreza, respeito e humildade, características imprescindíveis para atingirmos o que queremos na nossa vida. Baseei meu estudo no livro *Código de um cavaleiro*, de Ethan Hawke (2016), que buscou transmitir um bom conhecimento sobre a vida e ajudar filhos a se tornarem independentes e honrados. O livro, escrito no estilo de uma jornada, serviu para minha inspiração ao criar as oficinas. Analisei, também, *A jornada do herói*, de Joseph Campbell (2002), que serviu de fio condutor à trajetória vivida pelos participantes dessa prática.

## A síndrome de Down

As crianças com síndrome de Down têm capacidade para fazer a maioria das coisas que as ditas "normais" fazem, a grande diferença é que muitas vezes precisam de um tempo maior para realizar tais tarefas e conseguir processar informações. Conseguem se alfabetizar, tocar instrumentos, praticar alguns esportes, necessitando de um tempo maior para aquisição de tais aprendizagens. "Com paciência e persistência, esses indivíduos surpreendem as famílias e os profissionais" (DÉA; BALDIN; DÉA, 2009).

> A pessoa com Síndrome de Down apresenta cromossomos normais, somente o cromossomo 21 é duplicado e está presente em todas as raças e classes sociais de maneira igualitária, sendo também a anomalia genética mais frequente em todo o mundo, o que faz com que seus possuidores necessitem de inclusão e uma participação maior em nossa sociedade, ao invés de exclusão por medo ou falta de informação das pessoas. A existência deste cromossomo extra na cadeia de DNA do indivíduo acarreta limitações no

desenvolvimento físico e intelectual, apesar de não haver definição de limites máximos deste desenvolvimento, o que é positivo, pois, na dúvida, devem-se oferecer oportunidades e, só assim, descobrir suas potencialidades (*Ibidem*, 2009, p. 24).

As limitações que a síndrome de Down pode apresentar fazem com que sejam excluídos de uma grande parte da vida em sociedade, seja por vergonha das famílias em assumir perante os outros que têm um deficiente, até o mercado de trabalho, que cria dificuldades e empecilhos para incluir os deficientes em suas empresas e negócios.

> A sociedade cria problemas às pessoas com necessidades especiais por meios de seus ambientes restritivos, seus discutíveis padrões de normalidade, seus objetivos e outros bens inacessíveis do ponto de vista físico, sua quase total desinformação sobre direitos das pessoas que têm necessidades especiais e suas práticas discriminatórias em muitos setores da atividade humana (SASSAKI, 1997 *apud* SANTANA, 2009, p. 86).

Mesmo necessitando de um tempo maior para o aprendizado ou realização de tarefas, a pessoa com síndrome de Down tem a capacidade de aprender o mesmo que outras pessoas consideradas "normais", e, "na maioria das vezes eles, como excelentes imitadores, absorvem rapidamente bons hábitos e atitudes" (SANTANA, 2009).

Segundo Déa, Baldin e Déa (2009), com estimulação contínua, amor e respeito, pode-se oferecer as condições para que uma pessoa com síndrome de Down seja um adulto feliz e capaz; e, apesar dos processos de aprendizagem serem mais lentos para os que têm essa síndrome, estes podem aprender da mesma maneira que as pessoas que não a possuem.

A inclusão tem aumentado gradativamente, mas a exclusão e a segregação ainda são muito praticadas, em grande parte pelo uso de termos inadequados como "retardado", "mongoloide", entre outros.

Por inclusão social, entende-se:

> Um processo bilateral, no qual as pessoas com deficiências, juntamente com a sociedade, buscam equacionar problemas, decidir sobre soluções e efetivar a equiparação de oportunidades. A sociedade se adapta para poder incluir pessoas com deficiência e esses cidadãos se preparam para assumir seus papéis na sociedade (SASSAKI *apud* ROSSIT, 2009, p. 98).

Por conta da falta de inclusão e muitas vezes da falta de respeito da sociedade, a autoestima de várias pessoas com síndrome de Down acaba por ficar fragilizada, pois elas se sentem "diferentes" das outras e muitas vezes não merecedoras de inclusão.

> Sabe-se que a autoestima e o autoconceito formados pelo indivíduo sofrem grande influência das informações que vêm das pessoas que o cercam e da sociedade em geral. No indivíduo com síndrome de Down, isso não acontece de forma diferente, o que pode, inclusive, dificultar seu desenvolvimento psicológico e criar rótulos negativos na sociedade, que lhe serão uma barreira (DÉA, BALDIN, DÉA, 2009, p. 24).

## A Arteterapia visitando o arquétipo do herói

Para Tommasi e Soares (2015), o cavaleiro é umas das figuras heroicas mais conhecidas por nós, afinal desde pequenos ouvimos histórias sobre seus feitos heroicos, os dragões que enfrentam e todas as aventuras por que passam. Sendo o modelo do herói um grande referencial para o indivíduo, aparecendo em novelas, filmes e *vídeo games*, auxiliando no processo terapêutico e educativo.

Dr. José Jorge Morais, ao prefaciar a obra de Tommasi e Soares complementa:

> Estas histórias narram a saga de um herói, ou de uma heroína, que parte de uma condição de certa comodidade e tem que enfrentar inúmeras dificuldades, vencer seus medos, lutar com inimigos mortais e conquistar um reino, um tesouro ou um amor e, principalmente, aceitar seu destino (TOMMASI e SOARES, 2015, p. 15).

Joseph Campbell (1992), na obra *As máscaras de Deus*, cita que as virtudes heroicas para se tomar o caminho do guerreiro são: "Lealdade com coragem, autocontrole e benevolência, bem como disposição para desempenhar inteiramente o papel atribuído a cada um na representação da vida."

E complementa suas ideias, em outra obra, *O herói de mil faces* (2002), ao definir o herói como o ser que conseguiu vencer as próprias limitações pessoais:

> Simboliza aquela divina imagem redentora e criadora, que se encontra escondida dentro de todos nós e apenas espera ser conhecida e transformada em vida e retorna de sua jornada revigorado e transformado, após ter passado por provações e obtido sua recompensa (CAMPBELL, 2002, p. 21).

Tommasi e Soares, comentam as ideias de Campbell:

> Campbell identifica o herói como um agente que traz novos valores para a coletividade. Direciona o pensamento para a construção e reconstrução, abre possibilidades de transformação. Ele reposiciona dentro da sociedade e, ao mesmo tempo, concilia o antigo com o novo. A jornada do herói estimula reflexões sobre a atitude

> do jovem diante do mundo, possibilitando uma compreensão mais adequada da realidade e do significado de sua própria vida (TOMMASI e SOARES, 2015, p. 38).

Segundo Bernardo, o uso de mitos e contos em processos arteterapêuticos promove o autoconhecimento, pois possibilita o contato com vários aspectos da nossa psique.

> Os mitos e contos de fadas contam em seus enredos histórias da alma humana em seu processo de florescimento e amadurecimento. Através da linguagem simbólica — que é a mesma da Arte e do nosso inconsciente — desvelam questões fundamentais relacionadas ao nosso desenvolvimento psicológico, mapeando caminhos que podem nos conduzir à autorrealização, o que Jung denominou processo de individuação (BERNARDO, 2013, p. 15).

A Arteterapia é uma proposta de intervenção que utiliza a arte como meio para trabalhar de uma maneira simbólica a elaboração de problemas e dificuldades, melhorando o autoconhecimento do indivíduo que a pratica. Nesse processo, ela pode utilizar ritos e mitos para acessar conteúdos e símbolos que estão no inconsciente, podendo fazer uma ponte com o chamado da alma e das necessidades atuais da pessoa em processo arteterapêutico (Bernardo, 2014).

Segundo Diniz (2014), os símbolos permitem acessar dimensões que o conhecimento racional não pode atingir e que fazem parte do processo de autoconhecimento e transformação.

A Arteterapia ajuda na construção da identidade através de trabalhos e projetos com linguagens expressivas variadas que auxiliam os participantes a expressar emoções e trabalhar a autoestima e a criatividade, que, segundo Alessandrini (2010), são auxiliares na autorrealização e no desenvolvimento e expansão da consciência. Pignaton confirma tais ideias:

> O fazer arte é terapêutico, mas principalmente transformador, porque proporciona a integração de uma personalidade mediante a aplicação de técnicas e artes expressivas, que facilita a materialização de formas, doadas por conteúdos projetados. Essas técnicas permitem a identificação funcional, já que possibilitam a sua integração, restituindo à personalidade os sentimentos acerca de si que estão faltosos, dando ao sujeito que utiliza o fazer arte como prática o deleite de desfrutar de si mesmo. A própria apreciação do sujeito, de seu desenvolvimento, efetuado durante o seu processo de autoconhecimento, capacita-o internamente, na promoção e valorização de sua autoestima (PIGNATON, 2014, p. 84).

A jornada do herói teve um papel fundamental neste processo, pois possibilitou que todos acessassem seus desafios de forma gradual, possibilitando uma soltura maior de cada um dos participantes e um despertar para o desenvolvimento das próprias habilidades artísticas, trazendo uma profundidade maior para os trabalhos. Como pessoas com síndrome de Down costumam ser mais concretas, acabei fazendo junto com eles as oficinas para servir de exemplo, principalmente no começo. Depois que eles entendiam o processo, já não se apoiavam no que eu estava fazendo, mostrando sua própria "voz" nos trabalhos. A figura do cavaleiro, como aparece de várias maneiras em filmes e *games* nos dias de hoje, trouxe uma conexão rápida com a história do livro, permitindo um aprofundamento em cada oficina e facilitando o acesso ao "cavaleiro interior" de cada um.

## O percurso da jornada e seus heróis

Tudo teve início no Instituto *Chefs* Especiais, com sete participantes com síndrome de Down que possuíam, também, deficiência mental moderada, mas eram capazes de executar tarefas manuais. Eram jovens de ambos os sexos, com idades que variavam entre 21 e 27 anos. As oficinas eram semanais e tinham a duração média de duas horas, tendo sempre como início a leitura de um capítulo do livro *Código de um Cavaleiro*, de Ethan Hawke (2016), usado como sensibilização, seguido pela proposta de uma vivência e, como finalização, abríamos para uma roda de conversa entre todos os participantes. Como o público-alvo normalmente apresentava dificuldades na expressão verbal e em outras atividades cognitivas, alguns trechos descritivos da fala dos participantes foram mantidos para trazer sentido aos resultados práticos do estudo.

Para este momento, trago a participação de dois jovens do projeto, por terem apresentado respostas mais precisas. Aqui coloquei nomes fictícios para manter sua identidade intacta. São eles:

> Gustavo (23 anos), demonstrava dificuldades com limites, não aceitava regras, apresentava muitos altos e baixos.

> Joana (21 anos), introvertida, delicada, mas esperta. Aprendia com facilidade e, ao interagir, era falante. Participou de várias atividades em que foi convidada. Dizia que gostaria de ser atriz.

## Considerações finais

Conseguimos perceber algumas mudanças nos participantes durante o processo das oficinas arteterapêuticas, mesmo com a limitação da verbalização que a maioria deles apresentou, por conta da síndrome de Down (Déa e Duarte, 2009).

Depois de alguns dias do término do processo, entrei em contato com algumas das mães e com a dona do instituto para colher mais informações sobre os participantes. O que elas disseram:

> Joana cozinhou uma refeição sozinha em casa e tornou-se funcionária na lanchonete do Google representando os *Chefs* Especiais.

Gustavo criou uma marca de brigadeiros chamada "Downlícia" e estava participando de eventos e palestras mostrando sua marca. Na sua divulgação nas mídias sociais, usa a *hashtag* #downedaí

Senti em todo o processo uma melhora na qualidade dos trabalhos de todos os participantes em geral, assim como o entendimento mais rápido das tarefas e maior destreza na realização delas, conforme a sequência das oficinas ia acontecendo. Deixaram transparecer uma tranquilidade maior ao se mostrarem perante o mundo, colocando-se, perante o grupo, com mais ideias e interesses. Além disso, percebi que se posicionavam mais em relação às discussões e acontecimentos que os incomodavam, demonstrando o próprio ponto de vista e retrucando em caso de ofensas.

Todas essas atitudes evidenciaram o que pareceu ser fruto de um fortalecimento da autoestima dos participantes e a consequente descoberta de uma força interna individual que gerou maior segurança para a tomada de atitudes. Segundo Bernardo (2012), quanto mais nos aprofundamos no autoconhecimento, menos somos reféns de como os outros nos veem, possibilitando assim que consigamos revelar aos outros com mais liberdade e coragem nossa autoexpressão.

A Ciência nos mostra que a síndrome de Down causa limitações no desenvolvimento físico e intelectual. No entanto, a intensidade dessas limitações até hoje não foi definida. Sendo assim, não podemos traçar limites máximos às pessoas com síndrome de Down (Déa; Baldin; Déa, 2009).

Como experiência pessoal, senti uma diferença muito grande no meu entendimento do tempo de cada um e no respeitar o processo individual de crescimento dos outros, além de rever meu conceito de "limitação", entendendo que todos temos nossas limitações.

Em vez de julgar as limitações dos outros, vivenciei o que posso fazer para melhorar as minhas; e, principalmente, percebi como a Arteterapia tem um significativo papel no resgate da autoestima e do autoconceito desses jovens.

OFICINAS >

CONTATO >

Alexandre Eschenbach
WhatsApp – (11) 98111.8696
Instagram: @alex_eschen_terapias

## REFERÊNCIAS

ALESSANDRINI, Cristina Dias. "Prefácio". In: SEI, Maíra Bonafé; GONÇALVES, Tatiana F. (org.) *Arteterapia com grupos: aspectos teóricos e práticos.* São Paulo: Casa do Psicólogo, 2010.

BERNARDO, Patrícia Pinna. "A prática da Arteterapia: correlações entre temas e recursos". In: *Temas centrais em arteterapia.* Vol. 1 — São Paulo: Arterapinna Editorial, 2012.

______. "A prática da Arteterapia: correlações entre temas e recursos". In: *Mitologia indígena e arteterapia: a arte de trilhar a roda da vida.* Vol. 2 — São Paulo: Arterapinna Editorial, 2013.

______. "A prática da arteterapia: correlações entre temas e recursos". In: *Mitologia africana e arteterapia: a força dos elementos em nossa vida.* Vol. 3 — São Paulo: Arterapinna Editorial, 2013.

______. "A prática da arteterapia: correlações entre temas e recursos". In: *Arteterapia e mitologia criativa: orquestrando limiares.* Vol. 4 — São Paulo: Arterapinna Editorial, 2014.

BOAL, Augusto. *Jogos para atores e não atores.* São Paulo: Cosac Naify, 2015.

CAMPBELL, Joseph. *As máscaras de Deus.* São Paulo: Palas Athena, 1992.

______. *O herói de mil faces.* São Paulo: Cultrix, 2002.

DEA, Vanessa Helena Dallae DUARTE, Edison (org.). *Síndrome de Down: informações, caminhos e histórias de amor.* São Paulo: Phorte Editora, 2009.

DÉA, Vanessa Helena Dalla; BALDIN, Alexandre Duarte; DÉA, Vicente Paulo Batista. "Informações Gerais sobre a Síndrome de Down". In DÉA, Vanessa Helena Dalla e DUARTE, Edison (orgs). *Síndrome de Down: informações, caminhos e histórias de amor.* São Paulo: Phorte Editora, 2009.

DÉA, Vanessa Helena Dalla. "A importância da estimulação da criança com Síndrome de Down". In DÉA, Vanessa Helena Dalla e DUARTE, Edison (orgs.). *Síndrome de Down: informações, caminhos e histórias de amor.* São Paulo: Phorte Editora, 2009.

DINIZ, Lígia (org.). *Mitos e arquétipos na arteterapia: os rituais para se alcançar o inconsciente.* Rio de Janeiro: Wak, 2014.

GOLÇALVES, Tatiana F. "Questões acerca da Arteterapia". In: SEI, Maria B.; GONÇALVES, Tatiana. (org.) *Arteterapia com grupos: aspectos teóricos e práticos.* São Paulo: Casa do Psicólogo, 2010.

HAWKE, Ethan. *Código de um cavaleiro: a última carta de Sir Thomas Lemuel Hawke.* Brasil: Harper Collins, 2016.

PHILIPPINI, Angela. *Linguagens, materiais expressivos em arteterapia: uso, indicações e propriedades.* Rio de Janeiro: Wak, 2009.

PIGNATON, Andrea S. C. "Arteterapia: um caminho para o autoconhecimento". In: MANSO, Glícia (org.). *Intervenções clínicas com arteterapia.* Rio de Janeiro: Walk Editora, 2014.

SASSAKI, Romeu Kazumi *apud* ROSSIT, Rosana Ap. Salvador. "Inclusão da pessoa com deficiência mental no trabalho". In DÉA, Vanessa Helena Dalla e DUARTE, Edison (orgs.). *Síndrome de Down: informações, caminhos e histórias de amor.* São Paulo: Phorte Editora, 2009.

SANTANA, Vanielen Erica. "Inclusão da pessoa com síndrome de Down no ensino regular". In: DEA, Vanessa Helena DALLA e DUARTE, Edison (org.). *Síndrome de Down: informações, caminhos e histórias de amor.* São Paulo: Phorte Editora, 2009.

TRIPOLI, Mailde J. "Arteterapia com sabor". In: SEI, Maíra Bonafé; GONÇALVES e Tatiana F. (org.) *Arteterapia com grupos: aspectos teóricos e práticos.* São Paulo: Casa do Psicólogo, 2010.

TOMMASI, Sonia B.; SOARES, Lúcia F. M. *O herói nos mitos gregos: em arteterapia e educação.* Rio de Janeiro: Wak, 2015.

# 6. LUZ, CÂMERA, ARTE e AÇÃO: a linguagem cinematográfica ilustrando a importância da afetividade e da arte nos processos de ensino e aprendizagem

**Carina Regina Lacava e Debora Gonçalves**

*Não deixemos perder essas pequenas estrelas na Terra.*

*Elas trazem ondas de esperança*

*Elas são o amanhecer dos sonhos e a eterna alegria.*

*Não deixemos perder essas pequenas estrelas na Terra.*

*Como a vida que pulsa, como os botões determinados a abrir,*

*Como a brisa fresca da estação*

*Elas são as bênçãos de nossos ancestrais*

*Não deixemos perder essas pequenas estrelas na Terra.*[1]

## Afetividade e aprendizagem

A escola tem um importante papel social na vida do aluno: socializar os conhecimentos disponíveis e promover o desenvolvimento cognitivo social mais amplo, uma vez que é responsável por grande parte da aprendizagem do ser humano. Logo, por meio da aprendizagem, o sujeito é inserido, de forma mais organizada, no mundo cultural simbólico que o incorpora à sociedade.

A humanidade passou ao longo dos séculos por uma série de revoluções que acarretaram mudanças na maneira de ser e estar no mundo. A Revolução Industrial, ocorrida no século XVIII, por exemplo, trouxe, entre outras consequências, a forma como muitas escolas atuam até hoje. Salas organizadas em fileiras, ordem, provas e testes, professor como detentor do saber e regente da ordem, alunos que obedecem e seguem instruções. Estudantes formados sob esse padrão estão prontos para seguir uma rotina de trabalho de produção, não são ensinados a lidar com frustrações, com trabalho em equipe, com o respeito às particularidades, com diferentes pontos de vista.

[1] Tema musical do filme *Estrelas na Terra* (título original: *Taare Zameen Par*).

Uma nova revolução, chamada Revolução Digital, começou a se configurar a partir da segunda metade do século XX. O início dos anos 2000, com a expansão da internet, e principalmente o mundo pós-pandemia (que exigiu formas rápidas e satisfatórias de continuarmos conectados e interagindo mesmo com a distância física) trouxeram mudanças significativas na cultura e sociabilidade do ser humano. O estar presente e interagir assumiu uma nova perspectiva; o tempo e espaço receberam um novo olhar; as relações foram e estão sendo ressignificadas.

As habilidades treinadas e desenvolvidas em escolas tradicionais já não se enquadram às necessidades atuais. Aquelas atendiam às necessidades de um mundo padronizado, produtor de máquinas e sequências, e destoam de uma realidade multifacetada e globalizada, que encontramos no século XXI.

Competências socioemocionais passaram a ser valorizadas por empresas em busca de um trabalhador adequado para lidar com as demandas de um mundo digitalizado; e para isso habilidades como criatividade, pensamento crítico, resiliência e equilíbrio emocional, entre outras, passaram a ser trabalhadas em escolas. Estamos em um período de transição, ainda é muito comum encontrarmos docentes e pais que acreditam, admiram e recomendam o modelo tradicional em detrimento de uma visão mais ampla do aluno — visão essa que entendem e classificam como bobagem, modismo e desnecessária.

A afetividade vem ocupando um espaço importante nas pesquisas e teorias que se propõem pensar a aprendizagem e o processo de desenvolvimento humano. A visão monista tem sido vista e aceita enquanto a visão dualista razão/emoção que perdurou por séculos tem perdido espaço.

> A partir da ampliação dos conhecimentos sobre a emoção e seus complexos processos de constituição, o conceito de homem centrado apenas na sua dimensão racional, típico da visão cartesiana, vem sendo revisto, em direção a uma concepção monista de constituição

> do ser humano, em que afetividade e cognição passam a ser interpretadas como dimensões indissociáveis do mesmo processo, não sendo mais aceitável analisá-las isoladamente (LEITE, 2006, p. 17).

Apesar da visão monista de homem ser predominante na sociedade atual, ainda é comum encontrar no ambiente escolar a prevalência dos aspectos cognitivos no processo de aprendizagem, colocando em segundo plano, portanto separadamente, os aspectos afetivos e denunciando a influência do pensamento dualista, no qual impera a dicotomia mente/corpo, matéria/espírito, afeto/cognição.

A corrente humanista chega para se contrapor à dicotomia e oferece uma visão mais integrada de homem. Inicia-se a crença de que o ser humano é um corpo só e que os processos psíquicos, comportamentais e orgânicos se entrelaçam a todo o momento. A inversão desse quadro se relaciona, principalmente, com o advento de teorias na perspectiva histórico-cultural, com forte marca na determinação social, que buscam entender o desenvolvimento do ser humano a partir de sua gênese, ou seja, a partir dos seus primeiros dias de vida, compreendendo todas as suas dimensões.

Passou-se a considerar a grande influência do meio social (relações sociais) e da cultura na constituição do sujeito. Dessa forma, o processo de aprendizagem também vai permear tais aspectos, pois, acima de tudo, aprender implica uma relação de um sujeito (aquele que aprende) com outro sujeito (aquele que ensina) e com o objeto a ser aprendido. Portanto, o ato de aprender envolve fatores internos e fatores externos ao ser humano, e exige um diálogo e estabilidade entre esses fatores para que aconteça.

Partindo desse pressuposto, é possível observar a importância das relações e da interação do sujeito com o meio e a cultura em que vive no processo de aprendizagem.

> O afeto é essencial para a formação da personalidade e do caráter, e é elemento importante para ajudar a criança a compreender melhor

> suas próprias emoções. A afetividade deve ser prática cotidiana na vida do educador, pois a aceitação do aluno e o apoio a ele facilitam o caminho na direção do sucesso dos objetivos educativos, fazendo com que o conhecimento chegue a ele de forma mais envolvente, causando efeito impactante e positivo (NUNES, 2009, p. 121).

Não se pode negar que existe a inter-relação entre a afetividade e a inteligência (cognição) no processo de aprendizagem e que ambas se complementam e se completam. Alguns autores apontam a teoria de Henri Wallon e Lev Vygotsky como pontos de partida para defender a reciprocidade e inter-relação entre afetividade e inteligência. Tal fenômeno explica-se quando se compreende que ambas as funções, inteligência e afetividade, dependem da ação do meio social (interpessoal e cultural), sendo determinadas pelas interações entre os sujeitos, o que atribui aos aspectos culturais um sentido também afetivo e propicia ao homem ser compreendido nas suas duas dimensões, simultaneamente, afetiva e intelectual (Oliveira, 1992).

Para Wallon (1971), a dimensão afetiva ocupa lugar central tanto do ponto de vista da constituição da pessoa quanto da construção do conhecimento. O autor relaciona a psicogênese com a história do indivíduo, demonstrando, assim, a estreita relação entre as interações humanas e a constituição da pessoa, propondo um estudo integrado do desenvolvimento humano, definindo seu projeto teórico como uma elaboração da psicogênese da pessoa completa.

Ao incorporar a teoria walloniana, Leite diz:

> A afetividade envolve as vivências e as formas de expressão mais complexas e humanas, apresentando um salto qualitativo a partir da apropriação dos sistemas simbólicos, em especial a fala — o que possibilita a transformação da emoção em sentimentos e sua representação no plano interno, passando a interferir na atividade cognitiva e possibilitando seu avanço (LEITE, 2006, p. 21).

Vygotsky (1993) defende a ideia de que é através da interação do indivíduo com o meio que ocorre o desenvolvimento humano. Fundamentado no psicólogo e educador russo, Leite frisa a importância da interação que acontece na sala de aula e os afetos desta.

> O desenvolvimento humano depende da interação que ocorre entre as pessoas e da relação com os objetos culturais, uma vez que, com a presença do outro, nesse caso o professor mediador, ocorre a evolução das formas de pensar da criança, ao mesmo tempo em que ele se constitui como sujeito. Nesse sentido, percebemos que é pela interação social que o ser humano se desenvolve e, ainda segundo Vygotsky, especialmente nas interações em sala de aula, repletas de afetividade, constituindo-se manifestações de emoção, as quais exercem grande influência no desenvolvimento cognitivo e, como consequência, também na aquisição da escrita (*Ibidem*, p. 178).

A importância da afetividade é comprovada na medida em que, com base na sua qualidade e intensidade, pode-se observar sua consequência e impacto na vida dos seres humanos.

> A relação sujeito-objeto-mediação é profundamente marcada pelas dimensões afetivas, o que nos permite apresentar a "tese" aqui exposta: a qualidade da relação que se estabelece entre sujeito e objeto é também de natureza afetiva e depende da qualidade da história de mediações vivenciadas pelo sujeito em relação ao objeto, no seu ambiente cultural, durante sua história de vida (*Ibidem*, p. 18).

Ao aprender, o aluno sente-se apoiado ou não, e desse suporte resulta a segurança para ousar, para pôr em prática o que foi ensinado, para fazer conexões e tentar criar, enfim, para poder ser, desenvolver-se e estar no mundo. No âmbito escolar, o educador pode ser a figura que servirá como ferramenta de apoio à percepção positiva do aluno e, consequentemente, seu sucesso. À medida que o educador oferece um ambiente seguro, no qual o aluno se sinta livre para se arriscar, tentar e errar, cria-se uma relação positiva, afetiva e potente.

O afeto pode ser demonstrado de diversas maneiras: com um elogio, um carinho, um olhar, uma lembrança; e os alunos são capazes de perceber, desde pequenos, quando são bem-vindos, amados, benquistos e quando essa relação não existe. O afeto atua não somente como um estimulante para a criança explorar o mundo, mas também como uma reafirmação de que aquela criança é valiosa, de que é importante e amada.

Segundo Nunes (2009), o ser humano carrega em sua história códigos pessoais que determinam suas ações no mundo. Portanto, quando a criança é marcada por vivências e crenças negativas de si mesma, o processo de aprendizagem pode ser prejudicado, pois a criança internaliza que não é capaz de aprender e toma tal fato como verdade para si. Da mesma forma, a criança que cresce cercada de vivências positivas e encorajadoras, tem maior abertura e confiança para superar desafios, bem como maior facilidade para se adaptar às novas situações, reconhecendo seus limites e com maior receptividade ao diálogo. A afetividade influi diretamente no desenvolvimento da autoestima, quesito fundamental para a aprendizagem, afinal, uma pessoa segura sabe que, mesmo se cometer um erro, não correrá o risco de perder o amor daqueles ao seu redor.

> Autoestima é a percepção que a pessoa tem do seu próprio valor, proveniente da experiência do meio ambiente e do contato com os outros. Ela é construída em todas as etapas do desenvolvimento humano, recebendo influência das pessoas significativas do ambiente familiar, social e escolar, como consequência das próprias experiências de sucesso ou fracasso (MOYSÉS *apud* LEITE, 2006, p. 172).

Conclui-se, portanto, que a afetividade exerce papel fundamental na aprendizagem e que deve ser levada sempre em consideração por aqueles que estão incluídos, direta ou indiretamente, na relação com o aprender, sejam pais, professores, diretores, auxiliares etc.

> O papel da afetividade na educação não deve ser o de mero coadjuvante, mas sim o de ocupar o centro do palco junto aos conteúdos e métodos pedagógicos que fazem parte do currículo escolar formal, que por si só já contribuem inestimavelmente para o crescimento de crianças e jovens (NUNES, 2009, p. 123).

## A Psicopedagogia: sua origem e as possíveis intervenções na escola

Nádia Bossa (2011) define o surgimento da Psicopedagogia de maneira clara e sucinta: "A Psicopedagogia nasceu de uma necessidade: contribuir na busca de soluções para a difícil questão do problema de aprendizagem." (p. 20) Pensar o surgimento da Psicopedagogia também implica identificar o momento histórico em que aconteceu. A chegada do mundo moderno modificou as relações humanas e suas expectativas. A produção do saber aparece como promessa de sucesso, e inicia-se uma nova ordem econômica, social e científica. Surgiu o sujeito contemporâneo e suas relações sociais, o estudo da singularidade e da subjetividade ganharam visibilidade.

> O aluno constrói o seu conhecimento na interação com o meio em que vive. Portanto, depende das condições desse meio, da vivência de objetos e situações, para ultrapassar determinados estágios de desenvolvimento e ser capaz de estabelecer relações cada vez mais complexas e abstratas. Os entendimentos dos alunos são decorrentes do seu desenvolvimento (HOFFMANN, 2009, p. 43).

Partindo desse pressuposto, também se faz necessário olhar o fracasso escolar não somente como uma disfunção orgânica do aprendente, mas levar em consideração aspectos socioculturais, afetivo-emocionais, cognitivos e relacionais da criança que tem dificuldade em aprender. Tornou-se imprescindível aprofundar o conhecimento dos processos de desenvolvimento da aprendizagem para conseguir ter uma intervenção mais ampla e efetiva no processo educativo e, assim, tentar quebrar a lógica organicista e patologizante que mascara a real causa das dificuldades de aprendizagem, excluindo assim a escola, o sistema de ensino e a família de também olharem e se comprometerem com tais questões.

> Revitaliza-se o compromisso do professor diante da criança e do jovem de todos os níveis socioculturais. Porque, se concebermos a aprendizagem como a sucessão de aquisições constantes e dependentes da oportunidade que o meio lhe oferece, assumimos o compromisso diante das diferenças individuais dos alunos. Compreendemos, igualmente, que não depende exclusivamente da explicação clara do professor o entendimento do aluno sobre uma ou outra questão. Que tal entendimento ocorre diferentemente de acordo com a sua vivência anterior, sua compreensão própria das situações (*Ibidem*, p. 45).

Pode-se pensar, então, que o objeto de estudo da Psicopedagogia se resume apenas ao problema de aprendizagem. Porém, falar de problema de aprendizagem implica falar em processo de aprendizagem, processo esse que inclui o indivíduo que aprende, o local onde acontece a aprendizagem e as relações que ocorrem nesse processo. Portanto, o objeto de estudo da Psicopedagogia não pode ser tratado ou resumido como um conceito estático que se explica por si só, uma vez que trabalha as relações aluno-educador, aluno-ambiente, aluno-método de ensino/aprendizagem, entre outras.

Importante trazer também a questão da multifatoriedade da Psicopedagogia, uma vez que é preciso olhar não apenas para as dificuldades de aprendizagem ou o fracasso escolar. É necessário pensar em intervenções que levam em consideração o sujeito em sua singularidade, sua família, amigos, o ambiente escolar e os aspectos cognitivos.

O advento da Covid-19 e, posteriormente, o confinamento e as aulas *on-line* trouxeram novas questões e expectativas para o setor educacional. Enquanto alguns alunos possuíam acesso às últimas tecnologias e internet rápida, outros precisaram se contentar com atividades impressas recebidas a cada 15 dias sem explicação prévia alguma do conteúdo. A disparidade em relação ao acesso e aquisição de conhecimento foi gritante. Comum a todas as situações, no entanto, foi a falta de interação com colegas e professores. Muitos alunos passaram a viver isolados em seus próprios quartos, sem supervisão adequada de um adulto, tendo acesso a conteúdo duvidoso na internet. Outros alunos passaram a vivenciar com maior intensidade situações de abuso e agressões, outros evadiram da escola, outros, que ainda se alimentavam apenas em ambiente escolar, com as aulas remotas perderam acesso à alimentação saudável e frequente. A evasão escolar aumentou, os índices de depressão e ansiedade aumentaram e as consequências, em termos de impactos psicológicos e déficit de aprendizagem, já são observadas e ainda perdurarão por muitos anos.

Não se pode deixar de considerar que a intervenção psicopedagógica também é relacional, uma vez que, para ela acontecer e para o processo do aprender ser concretizado com sucesso, precisa-se, necessariamente, de uma relação positiva e de confiança entre aquele que ensina e aquele que aprende, pensando que esses papéis se invertem o tempo todo durante a relação de aprendizagem. O educador aprende com o aluno, uma vez que, ao respeitar sua singularidade e história de vida, aprende que o processo de aprendizagem é único para cada indivíduo, e cada aluno apresentará potencialidades diferentes. Assim, o educador também será tocado e modificado por essa relação e, também, se torna um aprendiz.

Alicia Fernández discorre sobre aprendizagem e diz que são necessários nesse processo dois sujeitos (*ensinante e aprendente*) e o vínculo que se estabelece entre ambos. A autora insiste ainda que essa relação toma forma desde os primeiros momentos entre mãe-filho-irmão, pois essa criança necessita de um adulto que a ensine a viver por meio de exemplos. E complementa:

> A aprendizagem é um processo cuja matriz é vincular e lúdica e sua raiz corporal; seu desdobramento criativo põe-se em jogo por meio de articulação inteligência-desejo e do equilíbrio assimilação-acomodação. No humano, a aprendizagem funciona como equivalente funcional do instinto. Para dar conta das fraturas no aprender, necessitamos atender aos processos (à dinâmica, ao movimento, às tendências) e não aos resultados ou rendimentos sejam escolares ou psicométricos (FERNANDEZ, 1991, p. 48).

Este trabalho tem a pretensão de abordar as características relacionais e afetivas que são estabelecidas na escola e o quanto tais características estão intimamente ligadas ao sucesso da aprendizagem. O foco está na relação educador-aluno e as diversas formas de intervenções utilizadas no processo de aprendizagem. Importante lembrar que essa relação acontece no ambiente escolar no qual se utiliza uma metodologia de ensino própria. Também existe uma relação familiar que é anterior à escolar e que pode exercer influência no processo de aprendizagem, pois tanto o aluno quanto o educador carregam consigo suas histórias, suas marcas, sucessos e fracassos.

## O filme: *Como estrelas na terra, toda criança é especial*

A linguagem cinematográfica foi o material escolhido como importante ferramenta para fundamentar este trabalho, pois se acredita que a Arte, no caso a dramaturgia, é capaz de captar de maneira mais rápida e profunda sensações e sentimentos, deixando os espectadores sensibilizados com o tema apresentado. O foco da pesquisa está na análise da relação aluno-professor, e no quanto as atividades artísticas se transformam em ponte para o aprendizado.

## Um olhar mais atento em relação a algumas cenas do filme

*Como estrelas na Terra, toda criança é especial*, cujo título original é *Taare Zameen Par*, com direção de Aamir Khan e Amole Gupte, foi rodado na Índia no ano de 2007. Através da sinopse do filme, oferecida pelo diretor e produtor, pode-se ter um breve esboço do que será abordado neste momento: "É a história de uma criança, Ishaan Awasthi, de 9 anos, que sofre com dislexia e custa a ser compreendida. Um professor substituto de Artes entra em cena e logo percebe que algo de errado estava pairando sobre Ishaan. Não demorou para que o diagnóstico de dislexia ficasse claro para ele, o que o leva a pôr em prática um ambicioso plano de resgatar aquele garoto que havia perdido sua réstia de luz e a vontade de viver."

A partir da sinopse, pode-se pensar em dois temas principais que o filme aborda: a dislexia e a relação afetiva, caracterizada aqui na relação professor (de Artes) — aluno (Ishaan, o menino disléxico).

O foco da análise será a relação afetiva professor-aluno, ilustrada de maneira sensível no filme. A dificuldade de aprendizagem de Ishaan, em alguns momentos, também será foco deste estudo, uma vez que evidencia as diferentes relações estabelecidas entre professor e aluno e o quanto tais relações influenciam no processo de aprendizagem.

Um olhar especial para a Arte também será lançado, como forma de evidenciar a intervenção psicopedagógica e o suporte terapêutico, uma vez que a história do filme traz o professor de Arte como aquele que intervém no processo de aprendizagem de Ishaan. Nessa história, a Arte funciona como elo entre o aluno e seu professor e abre as portas para uma relação afetiva e de confiança, que posteriormente se expande para as outras relações de Ishaan, modificando a forma como o garoto se enxerga e atua no mundo.

A atenção será dada à potência do encontro do professor de Artes, chamado Ram Shankar Nikumbh, com o seu aluno de 9 anos, que se encontrava num internato como punição por suas diversas repetências atreladas ao "mau comportamento". Mas, antes de focar na relação positiva e afetiva de Nikumbh com Ishaan, será feito um breve panorama do filme, com o objetivo de traçar uma trajetória da criança, com foco nas relações estabelecidas entre professor e aluno. Acredita-se que tal esboço possa comprovar a importância de se estabelecer uma relação positiva entre o professor e o aluno para a aquisição da aprendizagem e para a vida em geral.

> Na escola, o professor é o principal mediador na interação sujeito-objeto. As ações, tanto do professor como do aluno, não são ações isoladas, mas convergentes entre si, em que as discussões e trocas colaboram (ou não) para que se alcancem os objetivos desejados. Consideramos que a natureza da relação entre o sujeito (aluno) e o objeto (conteúdos escolares) é também afetiva, e depende da qualidade da mediação vivenciada pelo sujeito, na sua relação com o objeto de conhecimento. A qualidade desta mediação, portanto, é fator primordial nesse processo, pois tanto pode direcionar o aluno ao fracasso, como pode facilitar o processo de aprendizagem (LEITE, 2006, p. 148).

Pode-se concluir que o contrário também acontece, ou seja, a relação professor-aluno, quando não implica uma interação positiva entre essas duas pessoas, também pode ser um importante fator para o fracasso escolar, ou para a estagnação do processo de aprendizagem, além de influenciar na vida e nas tomadas de decisões do ser.

O início do filme caracteriza o personagem Ishaan, apresentado como uma criança sorridente, travessa, curiosa e carinhosa. O menino é uma criança que gosta de pintar, montar quebra-cabeça, misturar e experimentar cores e usar a imaginação para preencher seus dias. Seu quarto é repleto de desenhos na parede e a Arte é a forma mais significativa para ele se expressar. O menino mora com os pais e o irmão mais velho, Yohan. Seu pai se apresenta de maneira rígida e agressiva, é um homem que prioriza o trabalho e a educação como formas de ser bem-sucedido na vida. Tem conceitos tradicionais e uma visão pouco ampla da vida. A mãe do garoto é mais afetiva e receptiva, mas também tem dificuldades em entender e aceitar o comportamento do filho, pois tem grande expectativa em sua formação e espera que ele possa preencher seus desejos e se enquadrar naquilo que parece ser o esperado pela sociedade. Os pais comparam Ishaan ao irmão mais velho, Yohan. Este último é o melhor aluno da classe, tem as melhores notas e é ótimo em esportes, ou seja, se encaixa perfeitamente ao que é idealizado por seus pais: um filho bem-sucedido que se formará médico ou advogado e terá ascensão financeira.

É possível observar, no filme, que o bom desempenho escolar de Yohan causa grande orgulho aos seus pais, principalmente ao pai, e é a causa de comparações entre os filhos. O pai de Ishaan se mostra muito afetado e não tolera o mau comportamento do menino, lançando sobre ele um olhar de reprovação e de decepção.

> A criança constitui-se ao interagir com os pais, familiares ou outras pessoas presentes no seu ambiente físico e social. Principalmente no período da infância, o indivíduo mostra-se extremamente receptivo a interações, pois é por meio delas que ele irá internalizar práticas culturais que o possibilitarão atuar, futuramente, de forma

> autônoma. Quando discutimos a infância e as experiências que ocorrem nessa fase, é fundamental situar o papel da família, uma vez que, quando pequenos, o contato com outras pessoas concentra-se no ambiente familiar. As interações mais marcantes, os aprendizados de maior valor e as relações mais intensas acontecem no espaço da família, onde se destacam, geralmente, pais, irmãos e avós (*Ibidem*, p. 230).

É importante destacar o ambiente familiar de Ishaan, uma vez que se acredita que os pais ou cuidadores são as primeiras figuras relacionais da criança.

Segundo Maggi (2017), na infância, os pais ou cuidadores constituem a primeira vivência de vínculo que o bebê experimenta. Essa experiência é positiva e acolhedora, criando um espaço que facilita as aquisições do bebê e auxilia na passagem da dependência total para o caminho da independência. Para que o sujeito possa se tornar um ser desejante e pensante, ele precisa do acolhimento de seus pais na infância.

Outra cena importante para ser exemplificada acontece na escola onde Ishaan e seu irmão estudam e ilustra as relações professor-aluno. A professora pede, gritando, para Ishaan ler uma sentença de maneira rápida e impositiva. Assim se dirige para seu aluno:

> "Página 38, capítulo 4, parágrafo 3. Leia a primeira sentença e destaque os adjetivos."

O garoto hesita, demonstrando medo e insegurança, mas a professora não percebe e continua em tom alto, ordenando para que o aluno execute o que pedira. Ishaan se levanta e, olhando para o livro, permanece calado e nitidamente constrangido. A professora nota a dificuldade, mas não muda seu comportamento perante a situação. Não existe intenção de acolher a dificuldade e tentar ofertar um ambiente seguro para que a criança possa se arriscar e se expor ao erro. Após alguns segundos, olhando para as letras do livro, Ishaan diz:

> "Elas estão dançando" — todas as crianças da sala dão risada sem perceber a dificuldade expressa na fala do colega.
>
> A professora entende que Ishaan está brincando e desrespeitando a aula e pergunta ironicamente:
>
> "Ah estão dançando?!"
>
> Ishaan responde que sim com a cabeça e então a professora diz:
>
> "Então leia as letras dançarinas. Engraçadinho, né?!"

Percebe-se, nesse momento, que a professora ficou tomada por uma emoção que emergiu de uma interpretação subjetiva da situação e entendeu a dificuldade de Ishan e a descrição dele sobre essa dificuldade (letras dançantes) como uma gozação do aluno. Dessa forma, não houve abertura para um olhar mais atento ao que seu aprendiz estava verbalizando.

> O bom educador não desiste da criança, mas investe nela e em seu potencial. Não propõe educar sob ameaças, mas forma uma relação de companheirismo com seus alunos, extraindo deles o seu melhor. Respeita os diversos ritmos do aprender, pois já que ninguém é mesmo igual a ninguém, cada um tem sua própria velocidade neste caminho. E mais: não classifica as crianças por meio de avaliação do saber em forma de pirâmide, e sim reconhecendo o valor de cada uma e de suas singularidades, cada qual carregando a beleza de suas características individuais e suas idiossincrasias (NUNES, 2009, p. 46).

A educadora também não conseguiu perceber o quanto o garoto estava constrangido com tal situação expositora. Ishaan tenta ler, apesar de não estar à vontade com a situação, mas não consegue. Retoma a leitura pausadamente, com intervalos silábicos e com voz baixa, demonstrando novamente estar desconfortável com a situação vexatória em que foi colocado.

A professora interfere na leitura gritando:

"Leia em alto e bom som! Alto e bom som! Alto e bom som! Alto e direto."

O garoto, nervoso, começa a balbuciar palavras em tom alto:

"Blablablablablablablabla."

"Pare com isso! Já chega! Saia da sala, saia!" Grita a professora.

Observa-se, novamente, o quanto a educadora fica tomada pela reação de Ishaan, que encontrou no deboche a saída da situação que o constrangia. Ela, sem perceber os artifícios usados pelo aluno para evitar a tarefa, enxerga a atitude do menino como desrespeitosa e ordena que ele pare e saia da sala:

> O professor, sem a capacidade de interpretar afetivamente o comportamento da criança, acaba por se envolver com suas emoções, o que afeta a capacidade cognitiva do indivíduo, deixando-o vulnerável e levando a tomar atitudes desapropriadas na tentativa de administrar a emoção na sala de aula (DELACORTE, 2005, p. 23).

Nessa passagem fica evidente a incapacidade da professora de olhar e avaliar as expressões faciais e corporais demonstradas por Ishaan, a demonstração de vergonha e de medo adiante da tarefa a realizar e sua dificuldade, pois não conseguia ler. A situação foi se tornando tão coercitiva que a forma que a criança encontrou para sair da situação opressora foi um ato de rebeldia e de brincadeira excessiva.

> A precariedade das relações humanas na escola pode render resultados desastrosos, mesmo que o conteúdo de seu programa pedagógico seja de primeira linha. O significado simbólico das relações que têm qualidade e que são consideradas em conjunto com a qualidade de aptidão intelectual desejada é que farão com que a educação se faça vigorosamente, e com a probabilidade de respostas positivas em vários níveis (NUNES, 2009, p. 57).

É possível pensar que esse trecho do filme evidencia a relação transferencial. A professora é afetada pelo comportamento de Ishaan de uma maneira tão intensa que a impede de olhar para a dificuldade que ele expressava. Ela resolve a situação impondo sua autoridade sobre Ishaan, expondo-o a uma situação vexatória e de repreensão. A relação professor e aluno, nessa situação, é marcada por uma repulsão que afeta diretamente a forma como a professora responde ao aluno, gritando com ele e o mandando sair da sala de aula.

Há outra passagem interessante para ilustrar como as relações e demonstrações de afeto estão permeadas pelas emoções que emergem da própria interação do sujeito com o meio, sendo este um objeto, uma situação ou pessoa. A cena mostra a mãe de Ishaan acompanhando-o na lição de casa; ao olhar o caderno do filho, ela fica espantada com a letra e os erros recorrentes, referindo-se ao filho de maneira bem ríspida:

> "Terminou? Deixe-me ver! Que letrinha é essa?! O que é isso, Ishaan? Todas as palavras estão erradas! Mesa escrito "mes" depois "meas"; e "te" no lugar de "de"! O que é isso? Quantas vezes já fizemos isso aqui? Revisamos isso ontem! Como pode esquecer tão rápido?! Já chega de brincadeiras! Você vai repetir outra vez. Todos os seus amigos vão passar de ano. Você vai gostar que isso aconteça? Concentre-se, filho, concentre-se. Pare de brincar e conserte esses erros!"

A dura fala da mãe que, apesar de perceber que existe uma dificuldade do filho em memorizar conceitos e que este, frequentemente, comete erros relacionados à escrita, relaciona tal dificuldade com o mau comportamento de Ishaan, acreditando ser uma consequência de sua rebeldia. Essa interpretação errônea não é só da mãe, mas representa, também, a visão da escola. Essa postura em relação às dificuldades do aluno fica evidente na cena que será relatada a seguir.

Em reunião realizada pela diretora e professoras da escola com os pais e Ishaan, surge o seguinte diálogo:

> Professora: "Não há melhora nas atividades em sala, nem do dever de casa. Ele continua no mesmo patamar que estava ano passado. Os livros ainda são seus inimigos. Ler e escrever são como castigos para ele. Às vezes sua escrita em inglês parece russo. Repete o mesmo erro de propósito. **Nunca presta atenção às aulas**" (grifos nossos).

E complementa demonstrando o efeito negativo das atitudes do menino perante seus colegas:

> "Atormenta a turma toda com suas brincadeiras bobas."

Importante observar que, durante essa cena, o garoto ficara escondido e sua presença não tinha sido notada por nenhum dos participantes da reunião.

Por fim, a diretora muda o tema das reclamações e começa a focar no âmbito cognitivo ao questionar os pais:

> "Vocês devem ter visto suas provas, não é mesmo? Ele teve zero em todas as matérias."

A professora mostra algumas das provas realizadas por Ishaan e comenta com os pais:

> "Ninguém vai acreditar que é irmão de Yohan", comparando claramente os irmãos.

A diretora da escola finaliza a reunião dizendo aos pais do garoto e, inadvertidamente, aos ouvidos dele:

Esse é o segundo ano de seu filho na terceira série. Desse jeito não poderemos mais ajudá-lo. Talvez ele tenha um problema [...] algumas crianças têm menos sorte. Para eles existem escolas especiais!"

É interessante observar a frase grifada que diz que Ishaan "repete os erros de propósito" e evidencia a falta de conhecimento da professora em relação às possíveis dificuldades do garoto. A não percepção do professor implica uma avaliação rasa e até injusta do aluno. Concluir que uma criança que comete os mesmos erros diversas vezes, em diferentes momentos, o faz de propósito é uma forma cruel de rotular a criança sem olhar para suas dificuldades e potenciais. As falas das professoras e da diretora destacam uma postura rígida de ensino, em que aqueles que não se adaptam ao método são excluídos e, automaticamente, se tornam foco de uma relação aversiva para com a escola e seus professores. Percebem-se agressividade e perplexidade na fala das professoras. Não há um olhar cauteloso e, aparentemente, não há uma formação adequada do corpo docente, que é manipulado pela pressão de uma cultura de sucesso e não oferece um espaço para o diferente.

Observa-se, também, o diálogo dos pais de Ishaan após a reunião. A cena se dá dentro do carro, com a criança sentada no banco traseiro, enquanto a conversa entre os pais acontece. Mais uma vez a presença do menino não é levada em consideração:

"Pai: "Ela pensa que nosso filho é retardado. Ela pensa que ele é um anormal! Sessenta crianças enfiadas numa sala! Como uma professora pode dar atenção a todas? Que absurdo! Idiotas!"

Mãe: "O que eu fiz de errado? Sacrifiquei minha carreira pelas crianças! É uma luta diária fazê-lo estudar."

Pai: "Maya, não é sua culpa. Ele precisa de algo além..."

É possível observar diferentes reações perante a dificuldade de um membro da família. O pai, cidadão distinto, honesto e severo, que cobra com tanto afinco o bom desempenho dos filhos, defende de uma maneira desajeitada Ishaan das acusações sutis feitas pela escola, culpando esta pelo fracasso do filho. Ele tem dificuldades em olhar para si próprio como implicado nas questões da vida do garoto. A defesa não ocorre de maneira aberta até mesmo porque o pai enfrenta extrema dificuldade em lidar com sentimentos (seus e dos outros). A mãe, ao contrário, se culpa tentando achar onde falhou, mas não consegue identificar nem aceitar que seu filho possa ter qualquer problema.

Os pais, cada um à sua maneira, culpabilizam fatores externos para a dificuldade (que eles chamam de fracasso) que o filho enfrenta e não cogitam observar, em momento algum, o papel que as relações afetivas familiares desempenha no processo de aprendizagem dos filhos. Os pais não enxergam que a aprendizagem não acontece única e exclusivamente na escola, mas também em todos os espaços onde existe uma relação e interação do indivíduo com o meio. Também não percebem o quanto suas atitudes interferem diretamente na forma como seus filhos irão lidar com o mundo.

As dificuldades de aprendizagem de Ishaan são vistas e relatadas, tanto pelas professoras e diretora quanto pelos pais, de maneira caricaturada, sem se aterem às potencialidades do garoto. A relação afetiva é permeada pelo sentimento de frustração dos pais diante do fracasso escolar e do mau comportamento do próprio filho. No caso da escola, a relação também não se baseia na afetividade, pelo contrário, as professoras lidam com impaciência e despreparo perante as dificuldades e necessidades do aluno. Todos se mostram contaminados por esse olhar e não conseguem perceber o sofrimento de Ishaan e sua tentativa de lutar contra essa concepção cristalizada de seus familiares e mestres.

> O indivíduo, depende não somente da escola para desenvolver seu afetivo, social e intelectual; é necessário que se tenha afetividade também entre os membros com quem convive. Desde seu nascimento, os adultos devem procurar saber lidar com seus sentimentos, emoções e paixões, porque suas figuras são espelhos de imitação e oposição infantil. Além disso, um ambiente equilibrado afetivamente proporciona à criança estabilidade emocional (DELACORTE, 2005, p. 24).

Ishaan é matriculado em um colégio interno como uma forma de punição pelas suas questões comportamentais e como uma última tentativa de torná-lo uma criança dita "normal". Ser normal é entendido pelos pais como alguém que vai bem na escola, não entra em confusão ou brigas e se destaca em atividades extracurriculares como esporte ou música. Em momento algum o "ser normal" é visto como estar feliz, ser reconhecido ou estar integrado afetivamente ao ambiente que o cerca.

A atividade que dá mais prazer ao menino é Artes, que não é considerada por essa família. Aos olhos dos pais, Yohan é uma criança normal, de acordo com os padrões esperados pela sociedade. Não é comparando o comportamento de uma criança com o de outra que chegaremos a uma conclusão sobre o que entendemos por normal.

O baixo rendimento escolar estava diretamente relacionado com a indisciplina, segundo a visão de muitos profissionais envolvidos, entre eles professores, coordenadores e até a própria família da criança. Nesse raciocínio, oferecer um local que promovesse maior disciplina e rigidez iria garantir um maior aproveitamento escolar, uma vez que o mau comportamento e a indisciplina seriam tratados com punições. Além disso, pode-se falar na grande dificuldade do pai de Ishaan em aceitar que seu filho não era suficientemente bom da forma que desejou.

Tanto para a escola quanto para os pais do garoto, a dificuldade escolar era sinônimo de falta de disciplina e mau comportamento. Em nenhum momento a dificuldade de aprendizagem foi vista como algo a ser trabalhado e que vem antes da indisciplina e do comportamento inadequado. Em diversas situações do filme, é possível observar o quanto o garoto não é visto em suas potencialidades, como, por exemplo, a criatividade e capacidade artística. Ele é visto somente em relação às suas dificuldades em lidar com seus sentimentos de ira e vergonha e, principalmente, por sua dificuldade em assimilar os conteúdos escolares.

Quando refletimos sobre o "comportamento do aprendiz" (levando em consideração que o processo de aprendizagem se estende ao longo de nossas vidas, sempre como aprendentes), Ishaan possuía diversas habilidades (era curioso, reflexivo e cuidadoso), mas, em um ambiente em que apenas a postura conhecedora e tradicional era valorizada, suas habilidades acabaram por passar despercebidas.

> O sentimento da criança em relação a si mesma torna-se precário e frágil, e depois de várias manobras frustradas para se fazer ouvir, compreender ou mesmo se fazer notar, ela acaba por esgotar sua força interna e se rende à decepção que de tão forte esgota sua vontade de ao menos tentar o que quer que seja (NUNES, 2009, p. 130).

A chegada de Ishaan ao colégio interno é marcada por um grande isolamento e sentimento de medo, abandono e tristeza; sua mudança no meio do ano letivo é encarada por ele como um castigo. A rigidez de normas e regras do colégio junto com as punições severas oferecidas aos alunos que demonstravam alguma dificuldade no conteúdo ensinado fizeram com que a criatividade e espontaneidade do garoto ficassem aprisionadas ou até recalcadas. Mesmo nas aulas de Artes e Educação Física, cujos conteúdos são vistos com maior leveza e tranquilidade, a rigidez e opressão estavam presentes.

Durante a aula de Artes, Ishaan foi repreendido com golpes de régua na palma da mão na frente de todos da sala, relembrando a rigidez do ensino que entendia a coerção como a melhor maneira de incentivar o estudo e fazer com que o aluno absorvesse o conteúdo. Nessa situação, o professor de Artes ainda ameaçou seu aluno, alegando que levaria mais cinco golpes na outra mão, caso não fizesse os desenhos das formas geométricas com perfeição. Ishaan voltou para o seu lugar segurando o choro e deixando clara a animosidade instalada entre ele e o professor.

Conforme observa Leite (2006): "Uma vez instalada uma relação aversiva entre o aluno e o objeto de conhecimento, certamente a apropriação do mesmo se tornará um processo penoso, abalando profundamente suas condições motivacionais".

Delacorte (2005) fala sobre a escola e o grande potencial que esta tem para o afloramento das emoções. Ela utiliza a expressão "a sala de aula é como uma fábrica de emoções" para falar sobre a influência do aspecto afetivo na aprendizagem, e o quanto este pode ser um obstáculo para que o processo de aprendizagem aconteça. A rotina de Ishaan no colégio interno é repleta de sentimentos de impotência, exclusão, medo e angústia. Dessa forma, a aprendizagem não pode ocorrer, pois emoções e imaturidade, algo natural em uma criança, estão à flor da pele e impedem a abertura para o novo.

> Como fazer com que o aluno desenvolva seu intelecto sem que sua emoção seja um obstáculo em sua aprendizagem: cabe ao professor adquirir técnicas para lidar com essas emoções, a fim de que não sejam obstáculos, e sim uma ponte que liga o cognitivo com a afetividade, tornando mais intensa a capacidade de aprendizagem do indivíduo (DELACORTE, 2005, p. 25).

O encontro de Ishaan com o novo professor de Artes, Ram Shankar Nikumbh, marca o início de uma relação afetiva potente e capaz de quebrar as barreiras do medo e libertar o potencial para a aprendizagem do garoto. Com a chegada do professor Nikumbh, um novo mundo se abre para Ishaan, e a possibilidade de descobrir novas potencialidades e novos desejos para vida nascem a cada dia.

> O educador pode devolver ou acender a chama do encanto pela vida e o interesse pelo novo, pelas descobertas, despertando na criança a sede do saber, a partir do trabalho paralelo e mesmo informal de fortalecimento de sua autoestima — o fio condutor para todos os resultados satisfatórios que podem surgir (NUNES, 2009, p. 86).

O professor Nikumbh observa Ishaan já em sua primeira aula de Artes e se apresenta aos alunos de maneira inusitada, o que causa grande repercussão entre o corpo docente da escola. Inicia sua aula tocando flauta e estimulando os alunos a dançar e cantar. Porém Ishaan é o único que não se levanta e permanece com a cabeça baixa, sem olhar para o professor e os outros alunos. A alegria da música não o contagiou. Seu olhar era vago e parecia estar perdido e sem esperança.

Após a música, o professor entregou uma folha em branco para cada aluno realizar um desenho ou pintura livre. Ishaan não tocou na folha e permaneceu com a cabeça baixa. Nikumbh percebeu a tristeza no olhar do menino e perguntou seu nome, mas o garoto não respondeu. A aula acabou e o professor ficou pensativo, tentando entender a grande tristeza daquele aluno.

O encontro entre Nikumbh, o professor, e Ishaan, a criança, é caracterizado por um olhar atento do professor para o aluno. É função do professor olhar e acolher cada aluno em sala de aula, estando atento a todas as particularidades e necessidades do grupo. A partir desse momento, o professor de Artes, sempre atento a essa criança, cria estratégias e estabelece uma relação de afeto e confiança. "O sentimento de segurança básica servirá de apoio para a criança em momentos de angústia e de dor e dará a ela o respaldo necessário para que confie em si mesma, ainda que passe por privações de outras ordens", diz Nunes (2009).

A postura diferenciada para todos os alunos promove a interação, acolhimento e sensibiliza cada um deles, pois é a partir da relação afetuosa que o aluno vai se sentir seguro para interagir, explorar e aprender. É a partir dessa relação que se torna possível compreender a dislexia e promover de maneira individual a aprendizagem de Ishaan.

Nikumbh consegue enxergar Ishaan, e percebe seu grande sofrimento. Somente um professor que esteja aberto para se conectar verdadeira e unicamente com o aluno consegue percebê-lo como um todo. O processo de ensino deve levar em conta esse olhar diferenciado e a liberdade para alterar e adaptar planos de aula e estratégias de ensino e avaliação para acolher da melhor forma todos os alunos, estando eles com dificuldades ou não.

O professor observa o comportamento "alienado" do garoto e começa a investigar suas possíveis causas. Conversa com os demais professores sobre tal comportamento; analisa seus cadernos e atividades nas outras disciplinas e decide conhecer e falar com a família.

Na casa do garoto suas suspeitas começam a se confirmar. No quarto, o professor encontra desenhos nas paredes e nos cadernos com uma grande riqueza de detalhes e perfeição nos traços que revelam uma criança muito inteligente e de grande sensibilidade e talento. Espanta-se com a astúcia e articulação de Ishaan em representar fatos da história através de desenhos e se lembra que ele nem tocou na folha durante a aula para desenhar. Pelo que viu, não percebe uma criança dispersa, e o diagnóstico fica claro para o professor: trata-se de uma criança disléxica, e ele dá essa notícia aos pais. Conversa com a família para tentar explicar o que havia constatado e, também, tentar entender os motivos que levaram a família a mandar Ishaan para um colégio interno. Segue o diálogo estabelecido entre o professor e os pais do garoto:

Nikumbh: "Por que mandaram o garoto para longe?"

Pai: "Não tinha opção. Ano passado ele repetiu a terceira série. Dá para acreditar nisso? E não houve sinais de melhora. Meu filho mais velho é o primeiro de todas as matérias, mas Ishaan..."

Nikumbh: "O que você pensa ser o problema?"

Pai: "Atitude! O que mais? Perante os estudos e todo o resto. Sempre ardiloso, difícil, desobediente."

O professor interrompe a fala do pai: "Quero saber o problema, não os sintomas. Você diz que ele tem uma febre. Isso eu já sei. Quero saber o porquê. Qual é a causa?"

Pai: "Por que não nos conta? Vá em frente."

Nikumbh: "Vocês notaram um padrão que se repete no que ele faz? Os mesmos erros que ele repete?"

Pai: "Padrão? Que padrão? São apenas erros, sempre."

Nikumbh: "Então, não perceberam. Veja: 'b' no lugar de 'd' e 'd' no lugar de 'b'. Ele confunde letras similares, 's' e 'r' invertidas, como muitas outras. Veja: 'h' e 't'. Imagens refletidas. Animal: três grafias distintas numa mesma página. Então não significa que ele aprendeu a escrever errado. E aqui ele mistura palavras com grafias parecidas como 'anda' e 'nada' [...] e por que ele faz isso: É burro? Preguiçoso? Não. Na minha opinião ele tem dificuldade em reconhecer as letras. Quando você lê 'maçã', sua mente forma a imagem de uma maçã. Ishaan não consegue ler a palavra, portanto não entende o significado. Para alguém conseguir ler e escrever é essencial relacionar sons com símbolos, saber o significado das palavras; Ishaan não consegue atender a essa necessidade básica."

Pai não entende: "Besteira. São desculpas para não estudar."

Nesse momento, o professor pega uma caixa de *video game* que trazia uma escrita em chinês e pede para o pai de Ishaan ler. O pai diz que não consegue, e Nikumbh o obriga a ler e começa a levantar a voz, tentando dessa forma mostrar ao pai como seu filho se sente quando lhe pedem para ele ler e ele não consegue decodificar as letras. O pai se mostra tocado com o que lhe foi exposto, porém sua rigidez e o desejo de que seu filho preencha suas expectativas e anseios o impedem de compreender a dificuldade do garoto. O professor continua sua explicação aos pais de Ishaan e tenta apontar o grande sofrimento da criança por não ser compreendida em sua dificuldade:

"Essa dificuldade em ler e escrever se chama 'dislexia'. Às vezes as crianças podem ter problemas adicionais. Como dificuldade em seguir múltiplas ordens: vá para a página 65, capítulo 9, parágrafo 4, linha 2. Confusão. Ou coordenação mecânica ruim ou péssima. Imagine uma criança de 8 ou 9 anos que não consegue ler ou escrever. Não consegue fazer coisas simples. Que falha em tarefas que crianças da mesma idade fazem sem esforço. Imagine o que ele está passando! Sua autoconfiança deve estar destruída. Escondendo suas inabilidades atrás de mau comportamento. Foi assim que ele enfrentou o mundo. Deve ter criado uma rebelião aqui. Por que admitir 'não consigo' ao invés de 'não quero'? [...] mas até sua rebelião foi destruída lá, naquele lugar. Sinto dizer, mas ele parou de pintar."

Pai: "Então você quer dizer que meu filho é anormal? Retardado mental?"

Professor responde com certa indignação a fala do pai: "Você é um homem esquisito! Ele é uma mente afiada com imaginação viva, muito mais talentosa do que eu e você."

Pai: "E o que ganharia com isso? O que vai ser dele? Como vai competir? Terei de alimentá-lo a vida toda?"

Nikumbh: "Cada criança tem capacidade e habilidades únicas, mas... não! Todos preferem apontar o dedo e julgar."

O professor vai embora da casa da família de Ishaan decepcionado com a falta de clareza e sensibilidade do pai, porém está envolvido demais com o garoto e pensa em alguma maneira de ajudá-lo, pois acredita em seu potencial. Percebe que sua dificuldade exige um olhar atento e novas técnicas de aprendizagem.

A cena que acabou de ser descrita aborda a dislexia de maneira bastante didática e sensível. O professor consegue perceber a dificuldade de Ishaan e nomeá-la, pelo fato de ele próprio ter sido diagnosticado como disléxico quando era jovem e ter um interesse pessoal pelo tema. Nesse caso, percebe-se que, além do olhar cuidadoso do educador, há também uma grande empatia e identificação, pois o garoto apresentava dificuldades semelhantes às vividas por Nikumbh. No entanto, é importante ressaltar que o diagnóstico de dislexia é feito por médico neurologista e conta com o olhar de equipe multiprofissional (psicólogo, psicopedagogo e fonoaudiólogo).

Nikumbh retorna ao colégio e apresenta o diagnóstico ao diretor e propõe uma intervenção psicopedagógica para, primeiramente, resgatar a autoestima do garoto, permitindo que ele retome o processo de aprendizagem, desta vez prazerosamente. O professor se propõe a estar com o aluno em horários após as aulas para realizar suas intervenções e solicita ao diretor da escola que Ishaan seja avaliado apenas oralmente, e que sua escrita seja, por enquanto, descartada da avaliação.

O olhar diferenciado ao aluno em atividades como avaliações mediadas (nesse caso oralmente), utilização de fontes adequadas às necessidades dos alunos (como a fonte específica "OpenDyslexic" no caso de alunos disléxicos), descrição audiovisual para alunos com alguma deficiência, entre tantas outras possibilidades de acomodação, humanizam e transformam a aprendizagem. Ao perceber que o professor se importa com as dificuldades dele e ao eliminar essas dificuldades oferecendo uma oportunidade de aprendizado justa, a aprendizagem se torna possível e, consequentemente, prazerosa e interessante.

Esse é o momento do filme em que se destaca a Arte como principal meio de intervenção, uma vez que tanto Nikumbh quanto Ishaan apresentam habilidades artísticas e utilizam atividades expressivas e lúdicas como facilitadoras, não só para o processo de aprendizagem, mas também como suporte terapêutico para trabalhar a dislexia, além de ser um elo de afeto e confiança que favorece positivamente a relação entre o professor e o aluno.

> É realmente deixando claro para a criança que há predisposição sincera em ajudá-la, que vai fazer da relação professor-aluno um encontro também de almas. Se a criança pode embalar-se na certeza de que é aceita e amparada, provavelmente terá mais força quando tiver que se deparar com situações que exijam dela um tanto mais de equilíbrio emocional, mesmo sendo ainda imatura (NUNES, 2009 p. 150).

Ishaan sente-se, agora, mais compreendido e respeitado, e, assim, começam a surgir resultados positivos. Pouco a pouco o garoto supera suas dificuldades e acaba obtendo um bom desempenho em todas as disciplinas.

A importância em oferecer um espaço seguro e de aceitação faz com que a criança consiga desenvolver a confiança necessária para se arriscar e aprender. É um espaço que facilita a aprendizagem e proporciona estrutura para a criança lidar com as questões que a cercam.

> Muitas crianças escondem suas emoções por medo, vergonha, insegurança, culpa, falta de apoio no lar e uma série de outros motivos, e a disposição do educador em apoiá-las sinceramente muitas vezes é o que dispara o gatilho da aprendizagem propriamente dita, o que desperta na criança um autoconceito melhor e, consequentemente, uma mudança positiva em suas atitudes e pensamentos, possibilitando todas as boas coisas que advêm deste despertar (*Ibidem*, p. 58).

A postura competente e afetiva do professor transformou não só o rendimento escolar do aluno, como o próprio olhar das instituições — família e escola — levando-as a refletir sobre o que é ser vencedor.

A relação estabelecida entre professor e aluno é colocada como ponto importante no processo de aprendizagem, uma vez que a forma como é estabelecida essa relação pode estar diretamente ligada com a maneira como os conteúdos serão passados e absorvidos, tornando-os favoráveis ou desfavoráveis para a aquisição do conhecimento.

> Podemos perceber que a atividade de ensino também é uma situação marcadamente afetiva, pois ela se concretiza por meio das relações interpessoais entre professor e aluno. Percebemos, ainda, que a atividade se caracteriza como uma situação de mediação, pois por ela o professor pode facilitar a apropriação do conhecimento pelo aluno. Assim, por meio da relação professor-aluno, a atividade de ensino ultrapassa a dimensão cognitiva, envolvendo a dimensão afetiva, contribuindo explicitamente para o sucesso do processo de ensino-aprendizagem (LEITE, 2006, p. 182).

Nikumbh não só ajudou Ishaan a aprender a ler e a se relacionar positivamente com sua dificuldade, mas também encontrou uma forma de destacar o grande potencial artístico do garoto. O mestre organizou um concurso de pintura na escola, convidando todos os alunos e professores para participar. A escadaria da instituição ficou repleta de crianças e adultos sentados no chão, com pranchetas, folhas, lápis, tintas e cores. O concurso elegeria um vencedor que teria sua arte exposta na capa do livro anual da escola.

O professor de Artes foi capaz de olhar Ishan além das habilidades estáticas e tradicionais que se esperam de um estudante: ser capaz de decorar e reproduzir exatamente da mesma forma uma lista de conhecimentos. A postura conhecedora no processo de aprendizagem foi, e ainda é, em muitos ambientes vista como a única postura importante e relevante. A revolução digital trouxe novas habilidades e posturas frente ao conhecimento, as chamadas *soft skills*. Apenas dominar os conhecimentos não é mais suficiente; ser criativo, lidar com as emoções e ser resiliente passou a ser muito valorizado, algo em que Ishaan era muito bom e que foi reconhecido pelo professor.

Apesar de ser o responsável pela realização do concurso, percebe-se que a real intenção do professor substituto era mostrar a todos o grande talento de Ishaan, e ele tinha certeza de que seu aluno seria o ganhador do concurso.

Enquanto observava seu pupilo sentado, desenhando e pintando, Nikumbh pintava o seu quadro. Ao terminar a pintura, Ishaan foi ao encontro do professor para lhe entregar sua obra e, também, para sanar a curiosidade sobre o que seu professor havia pintado. Qual não foi sua surpresa quando viu seu retrato com um sorriso enorme, sorriso esse que Ishaan não expressava há tempos, pois sua vivência de exclusão e opressão o fez trancar o sorriso no rosto. O garoto fica emocionado e maravilhado, e olha para o professor com lágrimas nos olhos. A troca de olhares entre eles representa o grande poder que um olhar atento e acolhedor pode ter: ele se sente compreendido e aceito. Não há mais o que temer, pois o *aluno* encontrou o *professor* que realmente o enxergava e estava disposto a ajudá-lo. Foi traçada uma relação de afeto e confiança.

O concurso termina e é anunciado pelo diretor da escola, em frente a todos os alunos e corpo docente, o vencedor. O diretor anuncia que, primeiramente, houve um empate, mas que foi necessário escolher apenas um ganhador. O diretor diz: "O aprendiz venceu seu mestre."

No momento que o diretor anuncia que foi preciso escolher apenas um vencedor, Nikumbh já comemora com a certeza de que o aprendiz era Ishaan. Assim que o diretor anuncia quem era o novo talento da escola, o vencedor do concurso de pintura, a criança que teria seu desenho estampado na capa do livro anual da escola, todos comemoram e buscam Ishaan no meio da multidão. Procuram-no, mas percebem que o aluno tenta se esconder atrás de outros meninos. O garoto não consegue acreditar que era bom ou o melhor em algo, mas, após insistência de colegas e professores, finalmente sobe ao palco para receber seu certificado e, num movimento cheio de agradecimento e afeto, corre para abraçar Nikumbh.

A cena citada acima é emocionante e demonstra o quanto o papel do professor é importante para a criança, não apenas no processo de aprendizagem, mas para garantir que desenvolva um ser que possa se reconhecer em suas potencialidades, e que consiga ter confiança em si mesmo para lutar por seus objetivos, desejar e ser objeto de desejo.

O olhar diferenciado de Nikumbh a Ishaan foi responsável por abrir as portas da aprendizagem e mudar o conceito ingênuo e acrítico que os outros professores e seus pais tinham em relação às suas dificuldades.

O final do filme é marcado pela reunião de encerramento da escola entre pais e mestres e mostra todos os pais carregando o livro anual com a pintura de Ishaan na capa. Agora os pais de Ishaan escutam maravilhas dos professores sobre o filho. No fim, todos percebem o quão especial Ishaan era, mas que necessitou de um mediador específico, que o pudesse perceber em sua singularidade e conseguisse intervir de uma maneira tão significativa, capaz de soltar as amarras e despertar um grande e potente ser: a criança.

## Considerações finais

Ao estudar a importância da afetividade na aprendizagem, com foco na Arte como intervenção psicopedagógica que aconteceu na relação professor-aluno, diversos aspectos puderam ser identificados e discutidos. O aspecto cognitivo, embora seja o primeiro a ser pensado quando se fala em aprendizagem, não pode ser visto isolado do afetivo.

Pensando que cognitivo e afetivo se completam e se complementam durante a aprendizagem, este estudo tratou de pensar o quanto a afetividade na relação professor-aluno pode ser importante na aquisição do conhecimento.

A análise do filme foi significativa, pois possibilitou confirmar as hipóteses levantadas no início desta pesquisa, além de servir como um material dinâmico e diferenciado, capaz de dar um colorido a este estudo. De maneira geral, pôde-se perceber que a relação professor-aluno, quando permeada pelo respeito e afeto, gera um sentimento de confiança no aluno, que consegue reconhecer suas dificuldades e trabalhá-las sem ser acometido pelos sentimentos de exclusão, insegurança e medo. Em contrapartida, o professor, quando se permite olhar o aluno como um todo, sem o categorizar pela sua dificuldade ou simplesmente pela forma que aquele aluno o afeta, consegue estabelecer um espaço de confiança e criatividade, contribuindo para que a aprendizagem aconteça.

No filme, o professor consegue olhar para seu aluno, além da dislexia, que fora confundida diversas vezes com mau comportamento, rebeldia e indisciplina. Nikumbh ficou tocado ao ver a situação aversiva que Ishaan vivia dentro daquele internato, onde as regras e normas existiam apenas para privilegiar os bons alunos. Não existia lugar para as dificuldades, pois estas eram sinônimo de ineficiência e fracasso. A sensibilidade do professor foi capaz de movê-lo, no sentido de tentar proporcionar a Ishaan uma maneira diferenciada de aprendizagem.

O diagnóstico e a intervenção realizados pelo professor Ram Shankar Nikumbh com Ishaan demonstraram que o olhar singular do educador é capaz de promover um espaço seguro para que sejam trabalhadas não só as dificuldades da criança, como também a forma como a criança vê e se apresenta ao mundo. Observou-se que existe um laço estreito entre a intervenção psicopedagógica e a afetividade.

A partir da análise da história do filme, somada às concepções de afetividade que autores anteriormente citados trazem, pôde-se levantar dois aspectos importantes que atestam a relevância deste estudo: o primeiro aponta o aspecto afetivo como parte intrínseca ao processo de aprendizagem, demonstrando a importância de se considerarem as influências da afetividade não somente no âmbito escolar, mas também na interação do indivíduo com o meio, o que inclui a relação parental desde os primeiros meses de vida. O segundo aspecto está diretamente ligado à importância da relação professor-aluno, que, quando permeada pela afetividade e sentimentos de aceitação e confiança, é capaz de transformar histórias, desvendar potenciais antes desconhecidos e quebrar a barreira do não aprender.

Foi possível constatar que a afetividade tem papel fundamental para que a aprendizagem aconteça. Dentro desse pensamento, destaca-se a figura do professor como agente indispensável para tornar esse processo menos penoso e excludente. Proporcionar ao aluno a oportunidade de se ver como sujeito capaz de aprender fortalece o sentimento de autoconfiança que será ampliado para sua vida além da escola. É importante cada vez mais que educadores analisem e questionem sua prática para quebrar os paradigmas existentes no sistema educacional.

A rigidez e a coerção precisam dar espaço para a formação de um vínculo positivo entre o professor e o aluno. A afetividade precisa estar em evidência para tornar a aprendizagem motivadora.

> Penso nos educadores como alquimistas. E se eu os comparar também aos grandes chefes de cozinha, fazendo uma analogia divertida — com toda licença, queridos educadores — acredito que também não estarei errada. [...] É o educador quem vai colocar os temperos para aguçar o gosto da criança pelo saber, é ele quem vai também misturar os ingredientes certos e mais atraentes à procura do melhor sabor, quem vai proporcionar a harmonia de cores e forma para que o produto final encha os olhos da criança, desperte sua curiosidade e aguce seu paladar... (NUNES, 2009, p. 45).

Dessa forma, esta pesquisa pode ser vista como uma maneira de despertar no educador o desejo de não apenas ser o responsável a repassar conhecimento, mas também o de ser ator fundamental para fazer com que cada aluno seja uma *estrela na terra*...

AMPLIAÇÕES >

CONTATO >

Carina Regina Lacava
WhatsApp – (47) 98494.5414
Email: carina.lacava@gmail.com

Debora Gonçalves
Instagram: @deboragoncalves.cg

## REFERÊNCIAS

BOSSA, Nadia A. *A psicopedagogia no Brasil: contribuições a partir da prática.* Rio de Janeiro: Wak, 2011.

DELACORTE, Ariana. *Afetividade e aprendizagem: a influência do afeto na sala de aula.* Trabalho de Conclusão de Curso – Faculdade de Educação da Universidade Estadual de Campinas – Unicamp. São Paulo, 2005.

FERNÁNDEZ, Alicia. *A inteligência aprisionada: abordagem psicopedagógica da criança e sua família.* Porto Alegre: ArtMed, 1991.

HOFFMANN, Jussara. *Avaliação mediadora: uma prática em construção da pré-escola à universidade.* Porto Alegre: Mediação, 2009.

LEITE, Sérgio Antônio da S. (org.). *Afetividade e práticas pedagógicas.* São Paulo: Casa do Psicólogo, 2006.

MAGGI, Noeli R. "Cognição, afetividade e criatividade nos processos de aprendizagem". In: Revista Primus Vitam, n. 9 — Anais II Congresso Internacional e VII Congresso Nacional de Dificuldades de Ensino e Aprendizagem, 2017.

NUNES, Vera. *O papel das emoções na educação.* São Paulo: Casa do Psicólogo. 2009.

SOUZA, Francisco das C. *Escrevendo e normalizando trabalhos acadêmicos: um guia metodológico.* Florianópolis: Editora da UFSC, 2001.

VYGOTSKY, Lev S. *Pensamento e Linguagem.* São Paulo: Martins Fontes, 1993.

WALLON, Henri. *As origens do caráter na criança.* São Paulo: Difusão Europeia do Livro, 1971.

## CINEMATOGRAFIA

*Como estrelas na terra* — filme. Direção: Aamir Khan & Amole Gupte.
Elenco: Darsheel Safary, Aamir Khan, Vipin Sharma, Tisca Chopra, Sachet Engineer, Tanay Chheda, Girija Oak, Meghna Malik, Sonali Sachdev, Rajgopal Iyer, M.K. Raina
Índia — 2007 — 165 minutos.

# 7. O feminino no cinema: *Camille Claudel* e a função da Arte na dinâmica da psique

**Luciano Cirumbolo**

*É a alma, essa gigante da personalidade,*
*que dita as regras.*
*É ela que carrega os sonhos, que grita as verdades mais*
*mordazes, une a razão e a emoção e pede para ser salva ou*
*se esparramar no mundo concreto dos homens.*
**Luciano Cirumbolo**

## A Arte como chamado

Percorrer os caminhos ou adentrar no universo da Arte pode ser uma tarefa fascinante para um interessado buscador, seja pela apreciação estética, seja pela identificação do estilo, seja mesmo pelo vibrar de potenciais e impulsos despertados sempre que nos deparamos com uma grande obra realizada. Se, para um "bem elevado", a Arte nos indica percursos nos quais podemos confiar como via de expressão daquilo que é mais sofisticado, autêntico e ampliativo, também não podemos excluir a polaridade obscura em relação ao que a Arte pode igualmente propiciar de irregular, insensato e mórbido envolvendo o artista e sua criação.

Grandes pintores como Frida Khalo, Salvador Dalí e Vincent Van Gogh transitaram pelos opostos de suas produções e deixaram legados ao mundo, delineando o quanto o fazer artístico pode resvalar de um polo ao outro no decorrer de uma carreira, revelando momentos bastante particulares de gênios inquietos que dominavam uma época, seja pela beleza das formas, seja pelas inclinações bizarras geradas pelas obras apresentadas. Já no campo da escultura, personalidades como Umberto Boccioni, Paul Landowski, Victor Brecheret e o renomado Auguste Rodin são apenas alguns dos destaques citados nesse âmbito, em que se destacam o engajamento e a trajetória de Camille Claudel, grande expoente na atividade modeladora do bronze e do mármore.

Na busca por um espaço nesse campo, Claudel começou cedo, ornamentando sobre o barro (argila), criando obras de rara beleza na confecção de faces, as quais revelariam as angústias e incertezas de uma época, em referência aos rechaços oriundos do patriarcado dominante do final do século XIX.

Na clandestinidade, começou apanhando argila de construções próximas de sua casa, contando com a participação de um amigo da família como modelo de seus trabalhos iniciais, os quais eram gerados por mãos inquietas, compulsivas.

Indiferente à pouca receptividade de suas criações por parentes próximos, Camille não se deixou abater, seguindo em frente na busca por uma ascensão artística em um universo dominado pelo masculino, o qual ditava as regras e impunha condições adversas à participação das mulheres nos diferentes campos de trabalho, relegando-as às tarefas repetitivas de uma vida privada, espírito de época que, entretanto, pouco deteve seu peso sobre os movimentos de Claudel.

Para as mulheres ditas "pioneiras", essencialmente o campo das artes era visto como o mais integrativo (e solidário) no que diz respeito à inserção do feminino perante uma ascensão social ou realização profissional, como era notado na literatura, na dança e no teatro, muito embora, um "olhar suspeito" (preconceituoso) estivesse inserido em consideração às mulheres que pertencessem a esse "meio", criando, quase sempre, sentimentos de subestima e marginalidade inerentes às escolhas (ou vocações) dessas artistas.

Dessa forma, serão por essas vias sinuosas e cercadas por paradoxos que este trabalho seguirá, tendo como tema central a figura dessa intensa escultora.

Baseando-se no filme *Camille Claudel*, do cineasta francês Bruno Nuytten (1988), como fonte de referências sobre a vida da artista, este estudo apresenta reflexões em três âmbitos: o primeiro se refere à biografia e trajetória de Camille Claudel; o segundo nível volta-se ao papel da Arte como um elemento estruturante e organizador do psiquismo (ou, como citado anteriormente, como um elemento desintegrador da subjetividade, criando uma oposição à harmonia e à estabilidade emocionais através do caos atordoante); e o terceiro plano examina a dinâmica psicológica da artista diante de seu crescimento artístico e ciclo existencial, baseando-se na polaridade saúde x doença proposta pela Psicologia Junguiana, linha teórica que norteia este texto.

Em específico para esse trabalho, foi utilizado um filme (ou obra cinematográfica) como um instrumento capaz de fornecer elementos para uma compreensão mais aprofundada e ampliativa da vida da artista.

Entre as diferentes vertentes da Arteterapia, "o cinema ocupa um importante espaço no chamado 'campo das artes visuais', sendo um gerador de sentidos e significados que são processados de acordo com a percepção e visão de mundo do espectador" (Martins, 2007). Pela via da criação cinematográfica, são produzidos filmes que objetivam, em essência, dois propósitos distintos: um orientado para o entretenimento e outro voltado para o espaço da discussão e pensamento filosóficos.

De acordo com a segunda premissa, tal proposta traz como justificativa uma melhor "abertura" no plano das reflexões e leituras psicológicas, assim como também uma maior liberdade na criação de paralelos relacionados aos diferentes campos do saber.

## Origem e trajetória da artista

Baseado na narrativa de Bruno Nuytten e Marilyn Goldin, respectivamente diretor e roteirista de *Camille Claudel*, apresenta-se uma síntese da história.

Em uma manhã de dezembro de 1864, em Aisne, França, nasce Camille Claudel, a primogênita de três filhos do hipotecário Louis-Prosper Claudel e da dona de casa Louise-Athanaise Claudel. Inquieta e precoce em sua infância, Camille passou a confeccionar pequenos trabalhos manuais manipulando madeira e ossos recolhidos na propriedade da família.

Dos três filhos, ela foi a primeira a se destacar socialmente, como escultora, tendo Paul, seu irmão adorável que se tornaria escritor de fama internacional, sempre presente em sua vida.

Em 1881, indo para Paris a pedido do pai, a jovem escultora aperfeiçoa seu trabalho na Academia Colarossi, conduzida pelo mestre Alfred Boucher. Destacando-se na utilização de lama negra e gesso, cruza o caminho de Auguste Rodin, escultor renomado na época. Impressionado pela agilidade de Camille na execução de grandiosas obras em um curto espaço de tempo, ele a convida para integrar sua equipe no Ateliê Rodin. E juntos eles iniciam os trabalhos de confecção da consagrada *Porta do Inferno*.

A essa altura, após anos deixando suas próprias obras de lado para seguir os passos de Rodin, Camille é aconselhada pelo pai a reaver seu potencial criativo e novamente produzir trabalhos pessoais, que haviam sido relegados devido ao tempo totalmente dedicado por ela aos desejos e caprichos do escultor. É então, em 1885, diante de uma trajetória em ebulição, que Camille inicia um avassalador romance com o artista.

Casado e auxiliado pela esposa — Rose Bauret — em atividades no ateliê, Rodin dedica parte de seu tempo à criação de diferentes trabalhos e projeta um afeto profundo à Camille, potencializando uma paixão que atravessa a ambos.

Excêntricos e nada discretos, começam a circular pelas noites de Paris a olhos vistos. Camille engravida de Rodin e a relação ganha um novo rumo. Cansada de dividir o amante, já que o escultor deixa claro que não se divorciará da esposa, a artista ameaça abandonar os trabalhos em andamento no ateliê, exigindo que ele se case com ela rapidamente. Um ciclo de desconfianças, criatividade desenfreada e loucura invade a vida de Camille. Ela, definitivamente, rompe com tudo e parte para uma trajetória própria. Logo em seguida, sofre um aborto e cai em depressão.

O período seguinte ao rompimento com Rodin é um dos mais aplaudidos e questionados na vida da escultora, a qual, segundo conhecidos e familiares, desenvolveu obsessões e alucinações diante de suas produções artísticas. Sempre auxiliada pelo pai, a moça constrói o próprio ateliê em uma humilde casa na periferia de Paris e produz obras famosas como *A Idade Média*, *Perseu e Medusa* e *As fofoqueiras*.

Totalmente isolada, é mal compreendida ao expor suas obras em pequenas galerias da cidade, frustrando-se com o pouco glamour e baixa receptividade de sua Arte. Para mitigar as angústias, começa a consumir álcool deliberadamente, sendo tomada por delírios que ofuscam cada vez mais sua imagem. A essa altura, permanece afastada de Rodin, sem nenhum contato.

No inverno de 1913, é então internada a pedido do irmão no sanatório de Villeneuve-lès-Avignon, do qual jamais se recupera ou recebe alta, permanecendo 30 anos em reclusão até a sua morte, aos 79 anos, em 1943.

## A Arte como elemento de estruturação

É noite em Aisne, subúrbio de Paris, quando um jovem franzino procura em desespero pelo paradeiro da irmã. É Paul percorrendo ruas escuras em busca de Camille, a qual se encontrava isolada no imenso lamaçal nos confins do vilarejo. É assim que se inicia o filme que trará toda a trajetória de uma personagem em busca de ascensão e realização.

De volta para casa, sem se preocupar com comentários alheios, a pequena jovem escultora de gravetos e ossos de animais mortos (como assim a apelidou seu pai), debruçava-se diante do pedestal para dar formato a pequenas obras de Arte, moldadas a mãos quentes, as quais lhe serviam de júbilo diante do tédio local. Cercada por uma amiga que lhe auxiliava e por um modelo amigo da família, moldava dorsos e faces como ninguém em um curto espaço de tempo.

É interessante observar, no decorrer da trama, que a personagem vai criando intimidade com diferentes tipos de materiais (gravetos, ossos e, essencialmente, o barro), à medida, também, que vai amadurecendo emocionalmente diante das inúmeras censuras da família.

Na perspectiva de Gouvea:

> Através do barro mole busca-se a solidez interna do indivíduo, levando-o a escolher um material capaz de traduzir sua individuação, o ser quem ele realmente é. O primeiro esforço da vida é fossilizar-se, é buscar na moleza a solidez, ou ao contrário, amolecer-se, fluindo na massa do barro o seu vir-a-ser até então contido diante da vida (GOUVEA, 1989, p. 58).

> A natureza misteriosa do barro foi que proporcionou ao ser humano um conhecimento mais profundo de si mesmo. A partir do contato com terra molhada o homem é capaz de revelar imagens internas carregadas de emoções vividas e por ainda viver. No barro ele vivencia a si próprio como criatura e criador, gerando a possibilidade de diálogo entre ele e a Divindade, como também, ao penetrar no profundo da matéria-prima, acaba por aproximar a consciência do inconsciente (*Ibidem*, p. 59).

Desde o início de seu percurso, percebemos na história que apenas duas pessoas a apoiam diante do trabalho artístico: seu pai,

Louis, e o irmão inseparável, Paul. Em uma sociedade fechada e que pouco valorizava o espaço criativo de uma mulher, Camille pôde ser acarinhada pelo estímulo dado por esses dois pilares da família sem que eles lhe exigissem nada em troca. A situação muda completamente se a olharmos pelo prisma da mãe e da irmã de Camille, Louise, uma jovem ofuscada pelo temperamento forte dos irmãos mais velhos e que mantinha uma postura resignada e omissa, quase nula, a qual, com o passar dos anos, pôde ser percebida por Camille como um ato de desaprovação.

Se, por um lado, Camille era totalmente apoiada pelos homens da família; por outro, mantinha uma relação conflituosa e desgastante com a mãe, que a subestimava e a agredia verbalmente.

Nas palavras de Chernin:

> [...] existe o chamado "avesso" envolvendo o vínculo mãe-filha, principalmente no que diz respeito às expectativas da primeira voltadas às oportunidades da segunda. Desde os mais remotos períodos, sentimentos como frustração e inveja podem permear uma relação devido às oportunidades que muitas mães deixaram de experienciar em favor de uma causa particular (CHERNIN, 1991, pp. 75-76).

Essa talvez seja uma questão essencial observável notar logo no início do filme, e que se intensifica ao longo da história. Veremos uma mãe repressora que não consegue assumir uma posição integrativa e amorosa em relação à filha, chegando à via da hostilidade gélida.

Durante reuniões à mesa ou conversas familiares rotineiras, um degrau afetivo se põe entre as duas mulheres. A mãe monitora o comportamento da moça por intermédio dos outros dois filhos, que são obrigados a bisbilhotar as peripécias da jovem escultora, criando um cotidiano estreito que pouco abalou os impulsos da filha em comparação às retaliações lançadas por ela própria.

Conforme a educação e a política do século XIX, as mulheres comumente eram destinadas ao casamento, abdicando de sonhos e planos particulares que, na maior parte das vezes, eram somente vivenciados por seus maridos, os quais dispunham de uma maior abertura social para realização nas mais diferentes esferas. Por essa perspectiva, podemos avaliar que a resignação da mãe de Claudel pode ser classificada como o elemento central da crise envolvendo as duas mulheres, levando a matriarca a lançar grande parte de suas frustrações sobre o pioneirismo da filha. Dessa forma, ciúme e castração seriam as únicas possibilidades de relacionamento que ligavam uma "mãe reprimida" a uma "filha independente" no que diz respeito ao prenúncio de uma ascensão social a favor de Camille.

Por outro lado, sem o apoio das mulheres em seu entorno, podemos compreender que os afetos lançados pelas figuras masculinas de seu meio vieram muito a acrescentar na estruturação da personalidade da jovem escultora, a qual pôde internalizar, e mesmo aprimorar, em sua subjetividade características pertinentes ao patriarcado vigente da época, como a habilidade de persuasão, a articulação pela via do intelecto (e não da emoção, somente), a autonomia diante das ideias, o rigor da disciplina e a capacidade de criação artística livre da moral e dos costumes vigentes. Assim mostrou-se Camille no início de seu caminho artístico.

Com o passar do tempo, as discussões com a mãe foram ampliando-se, gerando uma postura de unilateralidade na vida da escultora, a qual, para aliviar-se das tensões provocadas pelos atritos, dedicava horas de seus dias à criação de obras cada vez mais aprimoradas. Camille estava vivendo apenas para a Arte, para a criatividade e o poder da inventividade. Mas que dinâmica é essa frente a uma existência que muito tem a oferecer além apenas do caminho da Arte? Por que a escultora se dedicava apenas ao trabalho da modelagem em barro para dar sentido aos seus dias?

Eis o papel fundamental da Arte no estudo do comportamento humano. Segundo Vygotsky,

> [...] a arte pode ser compreendida como um elemento significativo na *constituição do sujeito*, no momento em que ela atua sobre o plano emocional. A arte se processa através da interação do indivíduo com o mundo, agregando os princípios da percepção sensorial, do sentimento e da imaginação (VYGOTSKY, 1998, p. 246).

Sendo assim, através do olhar lançado pelo autor, podemos perceber que não somente o "pensamento" detém o papel principal de estruturar o homem perante a existência; também os impulsos irracionais, as aspirações, a criatividade e o fazer artístico se estabelecem como importantes veículos na constituição da identidade (quem eu sou), que tenderá se configurar a partir da interação entre mundo interno (abstrato) e externo (concreto), em um constante diálogo viabilizado pelas emoções.

Para Silveira (1992), a Arte pode ser assimilada como "um instrumento revelador do oculto, do mundo invisível, uma ferramenta reorganizadora da ordem interna e, ao mesmo tempo, estruturante da realidade", sendo bastante importante como um canal para a criatividade e os conteúdos mentais tanto divinos, elevados, como também hostis e patológicos.

Do ponto de vista da Psicologia Analítica, de acordo com Jung (1991), "a arte representa um processo de 'autorregulação psicológica' que insere o indivíduo em uma determinada época", detendo a finalidade de existir como um canal de expressão do inconsciente, o qual se comunica com o mundo concreto por meio de imagens, abstrações e impulsos diversos que visam à manutenção da vida psíquica. Dessa forma, assim como podemos comparar as tintas, os blocos de gesso e a lama como veículos à disposição do artista na criação de uma obra, igualmente podemos entender a Arte como uma ferramenta do inconsciente para que este possa expressar ou projetar seus conteúdos mais particulares para o mundo externo, estando estes a serviço da coletividade. Da mesma forma, esses veículos podem também ser representados como análogos ao universo interno do artista.

Diante dessa discussão, o que será que nossa personagem estaria tentando — através dessa unilateralidade interior — compensar no nível psíquico? Em outras palavras, o que estaria Camille tentando, inconscientemente, organizar dentro de si mesma, dedicando-se excessivamente à tarefa de esculpir?

Disposta a não permanecer oculta diante de seus trabalhos criados no ateliê, ela decide mostrar-se ao mundo excursionando por duas grandes academias no centro de Paris, passando rapidamente pela Colarossi, de Alfred Boucher, e ancorando, finalmente, no ateliê de Auguste Rodin. Este, na trama, interessa-se pelo trabalho de Claudel depois de uma rápida visita ao seu humilde ateliê, ficando impressionado pela destreza artística da jovem escultora.

Dessa maneira, percebemos, através do filme, dois níveis diferentes de atuação da jovem diante da vida: uma relacionada ao difícil convívio familiar, que a deprime e aprisiona, e outra, ampliativa e revigorante, referida ao seu processo artístico fora de casa, que a levou até Rodin e sua forte rigidez acadêmica.

Os trabalhos iniciais com o veterano escultor exercem um forte impacto na estabilidade emocional da jovem, que se percebe ao mesmo tempo presa às técnicas do artista e, em contrapartida, ao seu estilo pessoal de confecção das peças, o qual se diferencia do grande mestre. Longe dos familiares após romper relações e mudar-se para Paris, Camille submete-se aos caprichos do mestre e inicia um processo de autoanulação e submissão diante de Rodin. Embora estivesse produzindo de maneira significativa, agora utilizando o mármore e o gesso como novos materiais, lentamente mostra-se instável em suas ações e posturas, apresentando atitudes intensas e cortantes.

O que vemos adiante na jornada da artista é uma descida ao mais profundo sofrimento humano, quando ela se percebe em crise consigo mesma e considera sua Arte subjugada.

Em uma tentativa de não se anular enquanto artista e, acima de tudo, enquanto pessoa, Camille se entrega aos braços de Rodin, em um mergulho amoroso com o mestre. Conseguiria a jovem organizar-se psiquicamente em uma relação marcada pela traição, já que o escultor era casado?

Não produzindo suas próprias obras há anos, Camille dedica a maior parte de seu tempo ao ateliê de Rodin, enquanto se descobre grávida e sem nenhum recurso seguro para se estruturar. Desolada e chorando deliberadamente, percebe-se em crise longe dos parentes e sem o apoio do amante.

Após inúmeros pedidos para que Rodin abandonasse a mulher, Claudel finalmente se rebela contra o mestre e decide seguir por conta própria a carreira de escultora. Novamente a Arte seria o elemento de reorganização interior da jovem diante dos embates da existência. Conseguiria ela se estabilizar nesse novo tempo criado por ela mesma?

Como forma de restabelecer um novo contato familiar e reconectar-se ao mundo, parte para um período sob os cuidados do irmão, que a acolhe em sua casa. Descobrindo os diferentes ideais de Paul e aproximando-os de seus propósitos enquanto artista, intui que o olhar do jovem não mais se assemelha ao seu, já que ele se tornara um escritor-burguês-americanizado.

Camille Claudel estava entregue, agora, à própria sorte e responsabilidade, alimentando a criação de um estilo de vida subversivo e contrário a todos os ideais almejados pelo seu pai, pelo irmão e pela própria inspiração. Assim, decide alugar um casebre na periferia de Paris e promove uma aproximação com a criatividade. Será que esta estaria a favor da jovem em mais uma busca de ajuda psíquica?

## A loucura como protesto da alma

Quando Camille decide romper definitivamente com Rodin, o casal de amantes trava no filme um diálogo bastante pertinente acerca da realidade de cada um. Enquanto, por um lado, vemos um escultor maduro, veterano em sua Arte, aristocrático e casado, em outra instância, temos uma jovem iniciante, pobre, solteira e sem qualquer apoio da família ou do amante. Claudel tem apenas a si mesma para conduzir sua história.

Já instalada na pequena casa e isolada de todos, passa novamente a modelar sobre o barro (argila). Conforme Rodin previra na última conversa que travaram, Camille passa a confeccionar obras de arte tristes e carregadas de sentimentalismo. Sempre que esculpe retrata famílias sendo destruídas, mulheres em crise, jovens em desespero e amantes em separação, reflexos notórios de seu afastamento tempestuoso de Rodin. Ao contrário de seus trabalhos anteriores a suas passagens pelas famosas academias, a jovem passou a criar apenas obras amargas e obscuras, de forte impacto visual ou aversão.

Certa noite, debruçada sobre o barro e chorando em demasia, percebe que acabara de perder o filho, em um aborto espontâneo que desencadeou uma obsessão em relação ao amante.

Aqui podemos notar, na trama, que Camille novamente volta a sentir a necessidade de trabalhar com a argila, elemento que remete aos estágios mais primitivos (ou primários) do ser, em que as emoções e sentimentos se encontram em estado bruto, fluido e pouco estruturado, indicando o quanto nossa personagem estava longe de uma condição psíquica sólida e bem organizada.

Apesar de utilizar a escultura como canal de expressão de seu Eu mais profundo, Claudel estava distante de uma elucidação acerca de si mesma e seus comportamentos. Podemos notar, na história, que faltam à artista lucidez e condição de conduzir seu trabalho com afinco. É quando ela passa a consumir bebida alcoólica e comete as maiores desforras, como ir até a casa do ex-amante no meio de uma madrugada e acordar a vizinhança aos gritos. Já solitária e sem perspectivas, joga pedras na vidraça de Rodin, insulta-o e espalha lixo na porta de sua casa, até que finalmente é levada pela polícia para poder se acalmar.

Voltando à pergunta levantada por este estudo, conseguiria Camille reorganizar seu campo emocional através da Arte? Estaria ela, mesmo retornando ao estágio do barro, próxima de se estabilizar psicologicamente? A resposta é não. Pela evolução da excentricidade da artista, pode-se notar que ela foi invadida por figuras dilacerantes do inconsciente, o qual, a essa altura, não mais estava conseguindo compensar, reorganizar o campo psíquico da jovem, mas, acima de tudo parecia, puni-la por não ter sido mais bem canalizado e compreendido *a priori*.

Segundo a ideia de Hillman:

> A alma tende a se manifestar seguindo as trilhas do Inconsciente, lançando sobre todos os indivíduos uma espécie de "chamado", um tipo de "guia interno" para que estes assumam o controle sobre suas necessidades mais particulares, projetando no mundo sua singularidade e características potenciais. Para esta evocação interior é atribuído o nome de *Daimon*, o chamado da alma (HILLMAN, 1997, p. 18).

Seguindo tal premissa, podemos perceber que Claudel, inicialmente, parou para escutar o seu *Daimon*, quando, ainda adolescente, dera espaço para que seus impulsos artísticos pudessem se manifestar. Ela fez isso com larga autenticidade e atraiu a atenção de todos ao redor, gerando até uma crise dentro da família pela desaprovação da mãe. Em contrapartida, assim que conhece Rodin e inicia sucessivos trabalhos coordenados por ele, passa a inibir o fluxo desse seu "chamado interno" à medida que abre espaço apenas para dedicar total e profunda importância aos caprichos do amante, esquecendo-se de si mesma perante suas necessidades mais particulares. A certa altura do filme, o pai de Camille a visita e faz um único pedido que não é bem compreendido por ela. Ele solicita que a filha volte a produzir suas próprias obras longe de Rodin, não perdendo, assim, sua liberdade de expressão e sua individualidade.

A partir do momento em que a jovem bloqueou o fluxo do inconsciente, a alma passou a sofrer suas mazelas. Quando esse fluxo interno é bloqueado, pode-se notar que o indivíduo adoece, padecendo frente às suas ações e atos cotidianos. Não seria diferente com Claudel. Sucessivos surtos e delírios passaram a fazer parte de seu cotidiano. As noites eram maldormidas e o consumo do álcool mais significativo. Camille estava declinando existencialmente por não ter respeitado a si mesma como artista e pessoa. Anulou-se diante da realidade e dedicou seu tempo, talento e espaço apenas para aquele que pensou que ficaria ao seu lado como professor e marido, mas se equivocou. Durante os delírios mais frequentes, tentava afastar, aos berros, a imagem de Rodin vindo em sua direção, acreditando que ele se aproximava apenas para roubar suas obras. Passou parte de seus anos repelindo essa mesma imagem fantasiosa.

Se levarmos em consideração a profunda mudança emocional da artista neste ponto, podemos também criar um paralelo entre seu comportamento e a metáfora da "floresta escura da alma". A "floresta escura" citada pode ser compreendida como uma travessia a qual a personagem acaba enfrentando ao distanciar-se de uma esperada lucidez diante da família e do convívio social, tendo de confrontar-se com o mais profundo e obscuro de si mesma.

Pela perspectiva de Bernardo (2008), "entrar na 'floresta escura' equivale simbolicamente a um contato com o inconsciente, uma dimensão desconhecida que abriga potenciais e tesouros internos" da personalidade.

Em outras palavras, atravessar ou cruzar uma "floresta escura" diz respeito à trajetória de todo indivíduo perante sua própria existência, tendo de encarar seus aspectos positivos e negativos, assim como também suas virtudes e vícios.

No caso de Claudel, quando ela entra em crise pessoal, é novamente levada a confrontar-se com o inconsciente, seja através dos chamados internos que não foram canalizados, seja por intermédio de desordens emocionais crescentes, revelando um "aspecto sombrio" manifestado em sua personalidade a partir do instante em que começa a se afastar da normalidade.

Podemos também compreender este lado "obscuro" manifestado como uma representação de um "feminino sombrio", o qual geralmente aparece no comportamento de uma mulher quando ela é rechaçada, inibida ou violentada. Uma interessante reprodução do "feminino sombrio" pode ser feita com a figura de Lilith.

De acordo com McLean:

> Lilith surgiu a partir de lendas patriarcais do Talmude como uma figura malévola que buscou igualar-se a Adão. Sem dúvida, ela era avessa aos valores patriarcais estabelecidos e, em conflito com estes, passou a ser reconhecida como uma figura do mal. Foi associada, em especial, com a serpente e como a mulher megera, sendo promotora dos pesadelos da humanidade (MCLEAN, 1898, p. 113).

Eis o que notamos em Camille quando se torna impossível uma adequada assimilação dos tratamentos recebidos por Rodin e este não cede aos seus desejos. Ao perceber que o escultor a subestima e não abandonará a esposa para viver uma nova vida junto dela, Claudel expressa uma postura típica de quem tem suas expectativas frustradas, passando a duvidar dos afetos lançados por muitos à sua volta, acima de tudo pelos homens. Estava em xeque, dessa forma, o quanto o elemento masculino ora representava um fardo para a artista (no caso de Rodin), ora mostrava-se como um incentivo (em referência às figuras do pai e do irmão) diante de novas possibilidades de reestruturação psíquica.

Em determinado momento, notamos que surge um novo personagem na trama, o qual atravessa o caminho de Camille como um salvador, oferecendo a possibilidade de redenção à escultora. De fino trato e da alta classe de Paris, o marchand Ernest Blot lança uma proposta à jovem para que ela confeccione diversas obras a seu gosto para que fossem apresentadas em uma exposição exclusiva. Camille aceita no ato o convite e passa a criar diversas obras que se tornariam eternas.

Na noite de exposição e apresentação da hoje famosa *Perseu e a Medusa*, a escultora aparece para centenas de curiosos bêbada e vestida com molambos, espantando todos na galeria de arte.

Em uma metáfora lançada sobre a obra apresentada, após perceber a total esquiva de Rodin (ausência do ser amado), podemos comparar a criação de *Perseu e a Medusa* por Claudel como uma alegoria do atual estado emocional da artista: fragilizada, instável, degolada emocionalmente.

Na mitologia grega, segundo Shelley (2001), "Medusa, aquela que detinha a 'soberana sabedoria feminina', é tida como o símbolo da 'mulher rejeitada', que encarnaria a estagnação dos desejos pela falta do amor e do afeto". Dessa forma, apesar do esforço em seguir adiante com o seu trabalho, emocionalmente Camille estava dilacerada pelo desejo frustrado, pelo amor não correspondido por Rodin, sentindo-se violentada, traída no âmago, como se sua cabeça tivesse sido cortada pelo elemento masculino desalmado e aversivo. O que mais poderia suceder a essa altura dos fatos desdobrados?

Logo a seguir, quando recebe o irmão que veio diretamente dos Estados Unidos para encontrá-la, Claudel é hostilizada por ele, que se retira da exposição. Frustrada e ressentida em ser desaprovada também por Paul, agradece ao marchand pela oportunidade e se retira para seu pequeno ateliê. Começa então a descida final da carreira da artista.

Diante de total anulação e incapacidade de refletir acerca de sua condição, Camille tranca-se em seu ateliê com alguns gatos de estimação e passa a pregar as janelas e portas de sua casa com madeiras maciças. Novamente sob delírios, tenta impedir que Rodin invada sua propriedade e roube suas peças. Em um ato impulsivo, começa a destruir todas as obras de argila e gesso, restando poucas apenas sob a tutela de Blot. Dessa forma, encerra-se a trajetória de uma artista pouco compreendida e respeitada pelas pessoas de seu tempo.

Perdendo o total contato com a realidade, não correspondendo mais ao seu "chamado interior" ou às próprias expectativas, Camille tem a porta de seu ateliê arrombada por policiais e enfermeiros do centro psiquiátrico de Avignon. Era o fim de uma vida breve cercada de vitalidade, impulsos criativos e desejos não realizados. Distante de si mesma e silenciada por seu declínio mental, é então enviada para longe de todos em uma tentativa de reencontrar-se. Mas em vão. Cansada do mundo, isola-se sem reconhecer ninguém em seu quarto escuro, brigando até o fim da vida com a imagem de Auguste Rodin, que nunca a abandonou no mais profundo de seus delírios.

## Ato Final

Refletir sobre a trajetória pessoal de Camille Claudel não é apenas criar uma perspectiva acerca da vida da artista, é também discorrer sobre uma visão do que é o indivíduo para si mesmo e diante de suas aspirações.

Neste estudo, observamos os percalços de uma escultora renomada para descobrir o quanto é necessário manter um olhar interior, subjetivo, para a manutenção de um desejável equilíbrio psíquico, seja nos idos do século XIX, seja na exigente atualidade.

Ao olhar para Claudel, percebemos não somente a figura de um feminino tentando se manter em um universo dominado pelas forças do patriarcado, mas, sobremaneira, uma "alma" tentando se expressar no mundo. E é exatamente para a "alma" e seus chamados que este trabalho cedeu espaço.

Através do comportamento da escultora, descobrimos o quanto é necessária uma educação pessoal baseada na "vocação" — voz interior autêntica da alma — para que haja uma satisfatória estruturação da personalidade, gerando assim um equilibrado desenvolvimento do indivíduo e de sua saúde físico-emocional.

Enquanto jovem e ainda longe de Auguste Rodin, Camille estava em sintonia com esta chamada "linguagem interior", produzindo de maneira fluente seus trabalhos que, cada vez mais, estavam solicitando espaço para a produção de novas obras. Como notamos, a escultora era impulsiva, contundente e vivaz diante de suas "invocações artísticas", mantendo-se sempre fiel aos seus desejos de criação. A situação ganha outro contorno a partir do movimento de total entrega à instrumentalização feita junto a Rodin em seu ateliê, ato este não conscientizado, gerador de desequilíbrios e estagnações futuras para Claudel.

O que observamos não é somente o sonho de realização de Camille perante o mestre, o qual lhe apresentaria novas técnicas e geraria um aspirado prestígio profissional, mas, acima de tudo, o que a artista aprenderia a partir de novos ensinamentos sem se desconectar de sua própria essência ou fonte de criatividade, situação que a jovem não conseguiu sustentar após a paixão avassaladora e a autoanulação envolvendo Rodin.

Sabemos o quanto é saudável e desejável um envolvimento com o outro, seja ele(a) um(a) amante ou pessoa comum perante a coletividade; entretanto, não podemos deixar de observar nossas próprias verdades e aspirações. Nós nos reconhecemos a partir de um contraste criado com a figura do outro, mas esse outro alguém não deverá ofuscar nossa própria imagem e significado expresso ao mundo, situação bem contrária à que apreendemos pela figura de Claudel. Se tal premissa seguir por esta via de obstrução da personalidade, é pertinente dizer que um adoecimento irá eclodir, impedindo a alma de exprimir seus sopros originais.

Antes de uma perda de contato com a realidade, a alma nos envia chamados para que possamos nos reconectar com nossa fonte primária, seja através de intuições, sonhos ou desejos que nos atravessam, os quais deverão ser examinados na intenção de uma satisfatória vivência de seus conteúdos. Pela biografia de Camille, notamos que esses impulsos não foram compreendidos, tornaram-se verdadeiras possessões para a artista, manifestando-se através de delírios, angústias e percepções equivocadas do cotidiano.

Em contrapartida, iremos perceber que a Arte sempre esteve presente no caminho da escultora, mesmo em seu período de declínio criativo. Conforme citações feitas neste trabalho, o viés artístico sempre nos aparece como uma "ponte", uma via de possibilidade para projeções de conteúdos pessoais, assim como também podemos assimilar a Arte como um canal que permanece aberto e ativo para que, pela força da vontade, possamos entrar em contato com nossa subjetividade, estando saudáveis ou abatidos por alguma doença.

Em outras palavras, podemos dizer que a Arte pode ser compreendida com uma satisfatória, senão a mais elevada, forma de expressão da alma em seu contato com o mundo concreto. Ganha aqui o status de "linguagem da subjetividade", revelando à esfera social o que um indivíduo carrega dentro do âmago.

Dessa forma, fica declarado que através da expressão artística a alma procura o seu espaço no mundo, criando tendências ou subvertendo parâmetros. É ela, e somente ela, capaz de transpor barreiras, pintar novas cores e promover uma satisfatória realização do indivíduo diante de seu desenvolvimento pessoal.

É a alma, essa gigante da personalidade, que dita as regras. É ela que carrega os sonhos, que grita as verdades mais mordazes, une a razão e a emoção, e pede para ser salva ou se esparramar no mundo concreto dos homens. É a alma, esse sopro do fundo do ser, que une o céu e a terra e cria caminhos límpidos de crescimento ou nos coloca em seus labirintos mais escuros e enigmáticos. Somente ela.

AMPLIAÇÕES >

CONTATO >

Luciano Cirumbolo
WhatsApp: (11) 99226-2161
Instagram: @psicologo_luciano_cirumbolo

## REFERÊNCIAS


BERNARDO, Patrícia Pinna. *Temas centrais em arteterapia.* Coleção: A prática da arteterapia — correlações entre temas e recursos (volume I). São Paulo: Edição da autora, 2008.

CHERNIN, Kim. "O lado avesso do relacionamento mãe-filha". In: ZWEIG, Connie; ABRAMS, Jeremiah (org.). *Ao encontro da sombra: o potencial oculto da natureza humana.* São Paulo: Cultrix, 1991.

DELEUZE, Gilles. *Cinema 1: a imagem-movimento.* São Paulo: Brasiliense, 1985.

GOUVEA, Alvaro Pinheiro de. *Sol da terra: o uso do barro em psicoterapia.* São Paulo: Summus, 1989.

JUNG, Carl G. *O espírito na arte e na ciência.* Rio de Janeiro: Vozes, 1991.

HILLMAN, James. *O código do ser.* Rio de Janeiro: Objetiva, 1997.

MARTINS, Alice Fátima. *Imagens do cinema, cultura contemporânea e ensino de artes visuais.* Porto Alegre: UFSM, 2007.

MCLEAN, Adam. *A deusa tríplice.* Rio de Janeiro: Cultrix, 1989.

SHELLY, Percy B. "Perseu e Medusa". In: *Sociedade das Ciências Antigas.* Disponível em: https://silo.tips/download/sociedade-das-ciencias-antigas-perseu-e-medusa. (acessso em 29/01/2024)

SILVEIRA, Nise da. *O mundo das imagens.* São Paulo: Ática, 1992.

VYGOTSKY, Lev S. *Psicologia da arte.* Porto Alegre: Artmed, 1998.


## CINEMATOGRAFIA

*Camille Claudel.* Diretor: Bruno Nuytten.

Elenco: Isabelle Adjani, Gérard Depardieu, Laurent Grévill, Alain Cuny, Madeleine Robinson e Katrine Boorman.

França — 1988 — 166 min.

# 8. O longa-metragem *Valente* – ação, razão, emoção: a saga da heroína vivenciada no cinema

**Lídia Lacava**

*Dizem que nosso destino está ligado à nossa terra,*
*que ela é parte de nós, assim como nós somos dela.*
*Outros dizem que o destino é costurado como um tecido*
*onde a sina de um se interliga à de muitos outros... é a única*
*coisa que buscamos ou que lutamos para mudar... alguns*
*nunca encontram o destino, mas outros são levados a ele...*[1]

Rica em sua linguagem simbólica e ampla no estudo dos elementos que estruturam a psique, a Psicologia Analítica pode ser apreendida por meio da utilização dos modernos canais de comunicação apresentados pela mídia contemporânea, representando meios eficazes para o entendimento dos ciclos de desenvolvimento do psiquismo, os arquétipos que povoam o universo coletivo do homem e a busca constante pelo "ser-si-mesmo".

A riqueza dos efeitos que permeiam as apresentações cinematográficas, na contemporaneidade, torna-se um caminho cativante para o aprofundamento e estudo do símbolo como elemento mediador entre dois mundos: o concreto e o imaginário.

Os temas dos filmes, desenhos de animação infantis e/ou novelas, bem como a dinâmica do enredo, a atuação das personagens, as características musicais que enriquecem o espaço físico e psíquico das cenas, representam alguns elementos mediadores de grande valia para um maior entendimento dos principais fundamentos da Psicologia.

Assim sendo, buscou-se, por meio do filme de animação infanto-juvenil *Valente* (longa-metragem dos estúdios da Disney em parceria com a Pixar — lançado em 2012), uma metáfora para o entendimento das relações parentais (pais e filhos) inseridas na dinâmica familiar.

---

[1] Trecho extraído do filme *Valente*.

Reatualizar os arquétipos do matriarcado e do patriarcado analisados sob o enfoque da atuação de Valente[2] e de sua jornada em busca de seu verdadeiro destino, é a proposta deste estudo, em que não somente a linguagem verbal, mas também os elementos simbólicos que enriqueceram a filmagem da trama serão abordados, pois, a arte cinematográfica:

> [...] como tela de projeção de nossa realidade, mesclou toda a beleza da arte com os arquétipos, os simbolismos da vida, o surreal, a complexidade das relações entre as pessoas e com os meandros da emoção da alma humana (BRANDÃO e BRANDÃO *apud* MONTEIRO, 2012, p. 190).

Valente, a protagonista, personifica toda a garra de uma adolescente corajosa e guerreira que luta para mostrar ao mundo como o vê, percebe e sente, não admitindo ser guiada pelo desejo de sua mãe ou por outros que queiram se interpor em seu caminho.

O momento da personagem é bem característico da adolescência, quando o jovem se depara com inquietações em busca de sua identidade, de suas competências e habilidades que, em muitos casos, não correspondem ao que a família espera. Principalmente quando esse adolescente é uma jovem garota e seus anseios vão de encontro às expectativas de sua mãe, representante dos anseios do momento cultural em que se insere a trama.

Novas dinâmicas familiares, novos desafios nas relações humanas e nos papéis que o homem moderno desempenha na vida são temas

---

[2] Para este artigo optou-se por nomear a personagem principal, princesa Merida, como Valente, indo ao encontro do título dado à criação cinematográfica da Disney – Pixar, pois representa a bravura, valentia e rebeldia da filha teimosa do Rei Fergus e da Rainha Eleonor. No dicionário dos nomes próprios o significado de Merida significa: aquela que alcançou um alto nível de honra; a bem sucedida. Fonte:https://www.dicionariodenomesproprios.com.br/merida/ (acesso em 23/02/2024)

que, abordados pelas diferentes mídias, tornam-se verdadeiros rituais, tocando as esferas coletiva e individual. Momentos de projeções dos sonhos, das esperanças, dos desafios e medos, que podem ser veiculados pela arte cinematográfica.

O estudo e sua respectiva fundamentação teórica virão juntamente com imagens e trechos selecionados do filme, para que o leitor possa penetrar de maneira mais intensa na riqueza da simbologia apresentada nas cenas.

## Breve estudo da história social da família e da criança

Para se adentrar de maneira mais articulada no tema "família", é significativo traçar uma breve síntese da história social dessa instituição. Até o século XVI, são raras as cenas de família em pinturas e os estudiosos dos documentos iconográficos ficam espantados com essa ausência. Nas palavras de Ariès:

> O historiador que examina os documentos iconográficos com a preocupação de neles encontrar esse frêmito de vida que ele próprio experimenta em sua própria existência fica espantado com a raridade, ao menos até o século XVI, das cenas de interior e de família [...]. Por outro lado, ele depara imediatamente com a principal personagem de todas essas imagens, uma personagem tão essencial quanto o coro no teatro antigo: a multidão [...] uma miscelânea bastante parecida com a que hoje anima as *cours* das cidades mediterrâneas na hora do passeio noturno (ARIÈS, 1984, p. 190).

Aos poucos, a ideia de isolar retratos individuais dos retratos das famílias foi surgindo e, somente no início do século XVII, a iconografia familiar se tornou mais rica, embora continuasse com a proposta da representação da vida exterior e pública.

Vários pintores vivenciaram essa experiência, só que todos eles trazendo essa mesma característica: uma grande densidade social e nenhuma intimidade, com as pessoas vivendo misturadas umas com as outras em lugares permanentemente abertos. Assim, ainda segundo Ariès (1984), "não que a família não existisse como realidade vivida: seria paradoxal contestá-la. Mas ela não existia como sentimento ou como valor".

A partir do século XVIII, as pessoas optaram por adotar outra postura: defenderem-se de uma sociedade cujo convívio constante até então havia sido fonte da educação, da reputação e da herança. Houve um significativo movimento contra as antigas relações entre patrões e criados que buscou valorizar a intimidade da vida privada em detrimento das relações de vizinhança, de amizades ou de tradições.

Na Idade Média, no início dos tempos modernos, logo que os filhos eram capazes de dispensar a ajuda de suas mães ou amas, depois de um significativo desmame que ocorria aproximadamente aos 7 anos de idade, ficavam sempre juntos aos adultos tornando-se uma companhia natural. A vida coletiva, na qual participavam jovens e velhos, levava sempre numa mesma corrente as idades e condições sociais, sem deixar a ninguém o tempo da intimidade ou da solidão.

Nesse sentido, a função da família era a de assegurar a transmissão da vida, dos bens e dos nomes sem se aprofundar nas questões da sensibilidade e afetividade. Inclusive a ideia de educação, como nos dias de hoje, não caracterizou esse momento histórico.

Hoje, nossa sociedade tem um sistema de educação que valoriza a importância do conhecimento, da escolaridade e do desenvolvimento biopsicossocial das crianças e jovens que fazem parte dessas sociedades. Novas ciências ganham espaço, como a Pediatria, a Pedagogia e a Psicologia, que trazem importantes descobertas, criando uma literatura vasta a respeito dos estudos do desenvolvimento infantil e da importância da educação.

Já nos séculos XVI e XVII, as ordens religiosas (jesuítas ou oratorianas) trazem significativas mudanças na área da educação e levam seus ensinamentos não mais dirigidos aos adultos, como na época medieval, mas reservados especialmente para as crianças e jovens. Surgem, assim, grandes mudanças na vida em sociedade, pois, dentro desse propósito, chega-se à conclusão de que a criança, para se tornar madura socialmente, precisava submeter-se a um regime especial de estudos e orientações. E aos pais é delegada a tarefa de guardiães espirituais, responsáveis perante Deus pela alma e corpo de seus filhos por toda a vida.

A educação vem preencher, dessa maneira, uma lacuna no meio da família, que se preocupava somente com seus aspectos físicos e jurídicos. Cabia somente ao filho homem, e mais velho, uma preparação mais ampla e significativa para sua atuação na sociedade.

Foi no final do século XVII que a moral da época acabou impondo aos pais a obrigação de proporcionar a todos os seus filhos — meninos e meninas — uma preparação mais apurada que era assegurada pela escola. A aprendizagem tradicional foi substituída por uma escola transformada, com uma disciplina mais severa, protegida pela justiça e pela política.

A esse respeito, Ariès observa:

> Os pais que se preocupam com a educação de suas crianças merecem mais respeito do que aqueles que se contentam em pô-las no mundo. Eles lhe dão não apenas a vida, mas uma vida boa e santa. Por esse motivo, esses pais têm razão em enviar seus filhos, desde a mais tenra idade, ao mercado da verdadeira sabedoria (o colégio), onde eles se tornarão os artífices de sua própria fortuna, os ornamentos da pátria, da família e dos amigos (*Ibidem*, p. 195).

É evidente que novas ideias geram novos comportamentos e, nos séculos XVIII e XIX, a escola gerou uma infância inserida em um regime disciplinar muito rigoroso, surgindo os internatos, fazendo com que a criança perdesse a liberdade de que gozava entre os adultos nos séculos anteriores. Toda essa educação mais rigorosa e dura levou os pais a um amor obsessivo, que acabou dominando toda a sociedade, a partir do século XVIII.

Dessa maneira, a família moderna caracterizou-se por uma necessidade de intimidade e de identidade entre seus membros que se unem pelo sentimento, pelo costume e pelo estilo de vida.

> As promiscuidades impostas pela antiga sociabilidade lhes repugnam. Compreende-se que essa ascendência moral da família tenha sido originariamente um fenômeno burguês: a alta nobreza e o povo, situados nas duas extremidades da escala social, conservaram por mais tempo as boas maneiras tradicionais, e permaneceram indiferentes à pressão exterior. As classes populares mantiveram até quase nossos dias esse gosto pela multidão. Existe, portanto, uma relação entre o sentimento da família e o sentimento de classe (*Ibidem*, p. 195).

Entretanto, a partir do momento em que os contrastes foram ficando mais claros e explícitos entre "os criados e o patrão", a sociedade burguesa não aguentou mais a pressão de uma multidão miserável, viciosa e escandalosa e acabou retirando-se para se organizar à parte com os membros de seu clã, indo morar em bairros novos, fechados em suas intimidades e protegidos contra qualquer influência da classe menos favorecida. Essa nova configuração social fez emergir um novo modelo convencional, dentro de um tipo ideal de configuração familiar.

É dentro desse ideal de ajuste familiar que vamos introduzir a questão do momento em que viveu Valente — a heroína do filme em estudo —, representante de uma época em que a filha mulher, desde tenra idade, já era orientada por sua mãe a casar e ter muito filhos. O futuro pretendente/marido era escolhido pela família da noiva, entre prováveis jovens que trouxessem em sua formação o brasão de uma excelente estirpe aliada a ações de bravura e destemor.

## Sinopse do filme

O filme infantil *Valente*[3] apresenta uma personagem feminina chamada Merida como protagonista. Rodado nas planícies da Escócia, o filme mostra densas florestas da região que criam a profundidade necessária para levar o espectador para dentro da história.

Princesa adolescente, Valente vive o momento em que sua mãe, que a preparou durante toda a vida para o casamento, deverá lhe apresentar os pretendentes. Entretanto, é uma jovem de espírito livre, que não quer seguir as normas de conduta da realeza e se rebela, principalmente, pelo fato de não querer se casar sem amor e por imposição e escolha da família.

Após uma discussão com a mãe, sai correndo pela floresta galopando seu cavalo e encontra um casebre no meio da mata. Curiosa, entra, depara-se com uma feiticeira e, aproveitando o momento, pede a ela um feitiço para que sua mãe mude de ideia em relação ao seu casamento. A jovem não imagina o preço que iria pagar por conta de seu pedido!

A feiticeira prepara o feitiço em um doce que a filha oferece à mãe depois de uma das várias discussões. Assim que sua mãe dá a primeira mordida no doce, as transformações acontecem... Momentos de medo, desespero, insegurança, coragem e bravura começam a comandar o *script*.

A mãe transforma-se em um urso que passará a ser perseguido pelo pai da menina, pois ele perdera uma perna por conta de uma luta com um urso no passado. Esse animal acaba sendo um elemento simbólico chave para o entendimento dos aspectos psíquicos que envolvem as personagens.

Ao final da história, graças à bravura de Valente e da própria mãe, conseguem anular o feitiço. Assim, a relação familiar volta à harmonia, agora com grandes mudanças: a jovem consegue convencer os pais de que o importante para o casamento é que haja amor verdadeiro entre os noivos, e que os pais devam estar atentos no que, efetivamente, poderá

[3] *Brave* no original

contribuir para a real felicidade dos filhos, deixando em último plano os interesses do reinado.

## O mundo da mãe

Oh, Senhora Lua,
seus chifres apontam para o Oriente:
Brilhe, cresça!
Oh, Senhora Lua,
seus chifres apontam para o Ocidente:
Mingue, descanse!
**Christina Rossetti**

Mundo da mãe... mundo da mulher... mundo do feminino...

Para adentrar nesse mundo, cabem as palavras de Koltuv:

> Imagine um ser que sangra, mas não está ferido. Imagine um ser que sangra, mas não morre. Será uma criatura mágica, mítica ou apenas uma mulher? Ou ambas as coisas? Será que tal criatura pode ser "meramente" mulher? Há aqui um certo mistério a respeito do qual os homens nada sabem e as mulheres devem saber alguma coisa [...] somos capazes de nutrir e carregar outra vida dentro de nós [...] esse ciclo lunar interior, ou ciclo menstrual afeta nossa energia, nossas ideias, nossas emoções e é a matriz de nossa própria natureza [...] quando uma mulher se expande para cima ou para dentro e alcança a ponta da Lua, ela tem acesso ao nível mais profundo do *Self* (KOLTUV, 1997, pp. 11-12).

Lições profundas vivenciadas desde o início dos tempos, e, mesmo que a história da sociedade tenha registrado várias transformações, há um movimento arquetípico que caracteriza esse mundo. Gestar, nutrir, sonhar, cuidar, acolher são atitudes que, na maior parte das vezes, estão inseridas nesse universo do feminino, mesmo para aquelas mulheres que, por algum motivo, não foram mães biologicamente falando. Não se pode esquecer que, ao lado da "mãe boa", existe a "mãe má", terrível, que poderá castrar e anular a própria cria. É algo interno, muito forte, que caracteriza e alimenta esse mundo. O homem, o gênero masculino, também acaba sendo afetado por essas características quando compartilha e vivencia relações ao lado da mulher.

Para se falar em mundo da mãe, é importante se pensar em quando esse papel é assumido. No universo feminino ele já se instaura no imaginário de muitas mulheres jovens; para outras é um sentimento e um movimento interno e intenso que vão aos poucos balançando dentro de si até que o momento mágico da gestação acontece... para outras, esse momento é vivenciado através dos sonhos, do imaginário... e, para muitas outras, esse papel, talvez, nem faça parte desse universo.

Mas, para se pensar no mundo da mãe, o lado feminino de toda mulher se faz presente, pois, se algumas não chegaram a ser mães, certamente vivenciaram o papel de filhas... filhas de sua mãe, vivências carregadas de amor e desafios que, certamente, fazem parte do mundo das mulheres.

O filhote humano, nas palavras de Neumann (2004), após nove meses de gestação no útero materno, ainda necessita de mais alguns meses para iniciar o processo de desligamento físico e psíquico do corpo da mãe. É aqui que se instaura a relação primal que representa para a criança "todo o mundo apreensível, todo o ambiente circundante, mas que pouco a pouco vai propiciando à criança experimentar aspectos do novo mundo".

A mãe, assumindo esse papel, agrega uma nova condição psíquica para seu mundo, constelando a partir desse momento o arquétipo da Grande Mãe. O que caracteriza essa imagem arquetípica é uma relação amorosa de continência, acolhimento e afetuosidade, condições básicas para o bom desenvolvimento de sua "cria". A presença de uma mãe amorosa, mas que não fornece uma alimentação adequada e suficiente, é menos perniciosa do que uma mãe pouco afetuosa.

O mundo da mãe, dessa maneira, se constitui a partir das primeiras experiências assumidas no novo papel, e somente ela — a mãe/mulher — pode ocupar esse lugar, mesmo que muitas vezes ele se torne pesado e assustador. São as experiências boas ou ruins, o desafio de como lidar com o excesso ou com a falta de maternagem, que deixarão marcas no desenvolvimento da psique do filho e dela própria.

Neumann (2004) confirma essa ideia quando diz: "A relação primal, como constelação arquetípica específica, abrange ambos os indivíduos em sua realidade transparente, cada polo — mãe e filho — surgindo para o outro e agindo sobre o outro como um arquétipo".

Podem surgir momentos em que o mundo da mãe seja influenciado por características do patriarcado, em que a necessidade de impor regras, limites e normas sociais se faz presente. Nesse sentido, a mãe, em muitos momentos, atuará de maneira mais firme, até em função do espaço psíquico em que a família se constituiu.

Mitos e modelos também podem ser revistos, reatualizados, buscando-se uma inserção e ajuste na modernidade. Relações entre mãe, pai e filhos sofrem mudanças nesse novo tempo, sem nos esquecermos de que há "algo" que faz parte do humano: necessidade de escuta, de acolhimento, mas também de limites e normas para poder se ajustar às regras sociais e ao próprio desenvolvimento físico e psíquico.

No desenrolar da trama do filme em estudo, um feminino forte e determinado se faz presente na maior parte das cenas: mãe e filha já trazem a marca de um comportamento que fugirá dos padrões clássicos daquela época.

Percebe-se que é a mãe a responsável pela educação da filha, preparando-a não só para ser uma mulher com maneiras finas e elegantes, mas também para um futuro casamento (destino de todas as moças da época), cujo pretendente seria escolhido pela própria família da jovem. No desenrolar da trama, a rainha vai tomando as rédeas de tudo o que se passa em sua volta, uma vez que o rei não apresenta características de um patriarcado forte e diretivo para conduzir o cotidiano da família, tanto em relação aos interesses quanto à educação dos filhos.

No início da história, a mãe da ainda menina Valente aparece como uma mãe continente, brincalhona, participando do universo da filha, mas a pequena já denota um comportamento que não condiz com o propósito da educação materna, pois já adora o arco e a flecha, brinquedos que não eram adequados para uma "futura rainha".

Quem presenteia a filha com um conjunto de arco e flecha é o próprio pai. Neste início já podemos perceber como se apresentam os papéis nesse núcleo familiar, pois o rei não denota a mesma preocupação da mãe, deixando a filha à vontade para fazer o que deseja.

A mãe/rainha vivencia momentos em que se vê pressionada pelas exigências advindas de seu papel de orientadora da própria filha no sentido de fazê-la uma jovem educada, de boas maneiras, culta e apta a ser aceita por um dos pretendentes, que, por sua vez, deverá ser de boa estirpe, ter uma boa educação e formação. Ao mesmo tempo, a mãe torna-se prisioneira dos desejos da filha, que desde jovem não demonstra, em momento algum, interesse em tornar-se uma mulher casada com alguém que será indicado pelos pais.

Valente é o exemplo da jovem destemida, rebelde e corajosa que fará tudo o que for possível para não seguir a tradição de seu reino: casar jovem com um pretendente indicado pela família. Razão e emoção, desejos e obrigações, entram em choque e constelam o arquétipo da heroína que trará mudanças significativas não somente na jovem, mas também em sua mãe e na relação das duas.

Confirmando esses momentos da história, Stein coloca:

> Os humanos são impelidos por forças psíquicas, motivados por pensamentos que não se baseiam em processos racionais, e sujeitos

> a imagens e influências para além daquelas que podem ser medidas no meio ambiente observável. Somos criaturas impulsionadas por emoções e imagens, tanto quanto somos racionais e ambientalmente adaptadas. Sonhamos tanto quanto ponderamos, e sentimos provavelmente muito mais do que pensamos. No mínimo, uma grande parcela de pensamento é colorida e modelada por emoções e a maioria dos nossos cálculos racionais está sujeita às nossas paixões e medos (STEIN, 2000, p. 41).

Novas configurações para o mundo da mãe... para o mundo do feminino.

## O mundo do pai

Onde estás? Ébria desperta a minha alma
De todo o teu prazer; pois ouço agora
Em meio a sons dourados o jovem sol
Em lira celestial tocar sua canção crepuscular
Os bosques e colinas em derredor ressoam...
**Holderlin**

A entrada no mundo do pai caracteriza um momento em que o filho já começa a se afastar da dominância dos instintos, da indiferenciação que vive por um tempo no mundo da mãe. Rompe-se a grande proximidade e inicia-se a grande separação.

Nas palavras de Cavalcanti:

> O desenvolvimento da consciência patriarcal, solar, pressupõe uma liberação e independência dos instintos, do inconsciente, da mãe para que seja possível o desenvolvimento da autonomia do ego, que se coloca no comando e direção da consciência (CAVALCANTI, 1995, p. 11).

O mundo do pai — patriarcado — caracteriza-se pela entrada na civilização e na cultura que é histórica e que determina o que é lei; qual o código que deve ser seguido. Esse arquétipo pode manifestar-se como construtivo, promotor de vida e de criação, ou como destrutivo, terrível, em que se tem, como exemplo na mitologia, Chronos ao devorar os próprios filhos. Este mundo expressa o princípio do "Logos" — diferenciação e crítica —, que se opõe ao "Eros" — sentimento e acolhimento —, ambos princípios fundamentais da vida psíquica e que são ativos nos dois sexos, masculino e feminino.

Entretanto, surgem os desafios quando o que é lei não corresponde ao chamado do "self" . É exatamente nesse momento que encontramos nossa heroína indo em busca do chamado de sua alma. Seu pai é um homem bom, que escuta e acolhe os desejos da filha, abre um espaço maior de continência nessa relação, exercitando a função materna de maneira mais incisiva que a rainha e, por sua vez, é ela a figura feminina forte, determinada, organizadora de toda a dinâmica familiar. O rei é quem está sempre contando seus feitos, numa atitude de glutão (o alimento está sempre com ele...), de um estado primitivo e estabanado.

Aqui se origina a grande "batalha" de Valente, pois ela está inserida na "trama do destino" que carrega nesse momento. Destino ligado às tradições de sua família, da cultura e época em que vive, indo de encontro ao compromisso e à realização do que sonha para si. Uma parte do que é natural à espécie humana está entrelaçada nesse tecido social, pois o ser humano é um ser de relações. No entanto, a fase vivenciada pela jovem marca um momento de medo, dúvidas e incertezas mesclado com determinação e coragem.

Corroborando esse pensamento, tem-se as palavras de Lima Filho:

> Fatores ambientais e históricos exercem significativa influência sobre o modo como a rota arquetípica será realizada, frustrada ou dificultada. As imagens coletivas de pais adquirem conteúdo e se tornam conscientes em razão do encontro entre as predisposições inconscientes e os fatos empíricos que as tocam ou ativam (LIMA FILHO, 2002, p. 23).

As alterações sociais ocorridas no final do século XX e início do XXI vêm mostrar, de maneira marcante, um período de transição conflituoso em que os papéis de pai e de mãe sofrem mudanças na própria dinâmica familiar, constituindo novos modelos de interação. Esse novo movimento traz dúvidas, inquietações, inseguranças, deixando marcas significativas no desenvolvimento dos sujeitos que fazem parte dessa relação: mãe — pai — filhos.

Os pais, por sua vez, perdidos nestes meandros do "pode / não pode" ambivalentes, acabam adotando posturas que, muitas vezes, vão de encontro com os desejos e expectativas dos filhos, trazendo consequências nefastas para toda a dinâmica, em relação a um desenvolvimento não saudável.

Byington (1996) comenta que os filhos se identificam com os pais, tanto nas estruturas criativas quanto nas defensivas. As primeiras nascem a partir das experiências vividas através dos arquétipos do matriarcado e do patriarcado que, uma vez constelados, permitem o contato consciente, quando necessário, com a sombra pessoal ou familiar. Já as estruturas defensivas vão de encontro às vivências arquetípicas e podem se tornar patológicas.

> As crianças aprendem por imitação seus modos de elaboração dos símbolos, ou seja, aprendem a relacionar-se criativa ou defensivamente no mundo. Diante disso [...], para compreender o comportamento das crianças, não basta saber o que aconteceu na sua história, mas importa conhecer a reação dos pais sobre o acontecimento, uma vez que a identificação é mais

> influenciada pela reação destes do que pelos acontecimentos em si (BYNGTON *apud* SARGO, 2005, p. 41).

Novas configurações para o mundo do pai... para o mundo do masculino...

## O mundo da filha

> Por todas as filhas inteligentes, desconhecedoras, sem rumo e
> pelas que tudo sabem... pelas filhas que estão avançando direto
> ou que prosseguem aos trancos...
>
> **Clarissa Pinkola Estés**

Como a filha entra e desestabiliza o mundo dos pais? Qual a função do filho no universo dos pais? Como se manifestam esses arquétipos na atualidade? A atitude de Valente vem desestabilizar algo que já estava constituído como tradição naquele reino, propondo uma mudança radical na estrutura familiar como um todo.

O lugar do filho sofreu mudanças, passando de uma função que assegurasse a transmissão da vida, dos bens e da estirpe a que pertencia, a uma outra que deu atenção maior às questões da sensibilidade e afetividade que pudessem permear tal relação.

Embora a história se passe na época dos castelos, reis, rainhas e príncipes, a rica linguagem simbólica da filmagem, apresentando o comportamento das famílias, serve de suporte para atualização dos arquétipos do matriarcado e do patriarcado no momento sociocultural-educacional em que estamos vivendo — século XXI.

Valente, filha do rei e da rainha, é o foco principal desse estudo. Através de suas ações, busca-se analisar o papel da filha adolescente no grupo familiar e suas reverberações. A garota, cheia de energia e vida, não admite ser "usada" pelos pais, perante seus desejos, em dar continuidade às alianças de poder que as famílias estabeleciam entre si naquela época. Nesse sentido, ela atualiza um novo modelo na dinâmica familiar. A jovem dos dias atuais, desde pequena, já apresenta uma personalidade que, nas palavras de Jung (1981), "busca a realização máxima da índole inata e específica de um ser humano em particular" atuando de maneira incisiva e questionadora ao ir em busca de sua realização pessoal.

O filme mostra que a jovem princesa, ao idealizar seu sonho, não se dá conta das várias batalhas que irá travar, não só para realizá-lo, mas, principalmente, para se integrar, de maneira mais harmônica, na dinâmica de sua família. As expectativas eram grandes, no sentido de que Valente deveria, a exemplo de sua mãe, desposar um dos pretendentes que lhe apareceram: um forte, outro corajoso, um terceiro "tontão", mas todos eles de uma linhagem importante. É o mito familiar deixando sua marca.

Assim, surge o grande desafio para a heroína superar: cumprir o que a família lhe impõe, ou realizar seu próprio desejo, dando vez ao seu "self", fazendo prevalecer a sua individualidade? Como mostrar para a mãe que aquele não poderia ser o seu destino? Como se desvencilhar de uma trama familiar já definida que, ao mesmo tempo, a envolve e a aprisiona em um emaranhado familiar e cultural?

O enredo apresenta uma atualização dos arquétipos do matriarcado e do patriarcado, uma vez que mostra o novo perfil da jovem mulher, que busca romper com um protótipo de família patriarcal (mesmo com a dominância da matriarca), e que não condiz mais com os dias atuais.

O modelo de uma família nuclear — pai, mãe, filha e filhos — aparece representado na história, coexistindo com outras famílias, com as quais se buscam alianças para perpetuar o nome e a tradição de cada uma. Entretanto, os próprios pretendentes de Valente sentem-se reforçados pela atitude destemida da jovem e acabam percebendo que, também a eles, estava sendo imposto um casamento em que não existia o amor. Prevalecia o interesse das famílias em fazerem alianças para se perpetuarem no poder e reinado, sendo os filhos meros joguetes dessas situações, não tendo vez nem voz.

Dessa maneira, traçando-se um paralelo entre o filme e nossa realidade atual, o filho passa a ter um papel mais atuante, ao mesmo tempo que a mãe/mulher busca, fora do círculo familiar, não só uma atividade para complementar a renda familiar, mas, principalmente, para que possa realizar-se como pessoa.

É evidente que esses fatos trazem mudanças nas relações inter e intrapessoais dos elementos que constituem essa dinâmica; e surge, assim, um novo conceito de família, uma nova identidade nos papéis de pai, mãe e filho, não existindo mais um único modelo de organização familiar.

A família de antigamente, até meados das décadas de 50/60 do século XX, trazia ainda um modelo patriarcal clássico, em que o pai era o provedor, o detentor para aquela pequena comunidade das normas e determinações que deveriam ser seguidas, e a mãe era a dona de casa com a função de gerar e cuidar dos muitos filhos que eram "enviados por Deus".

O papel do filho ou filha, principalmente na fase da adolescência, foi sofrendo transmutações ao longo do tempo, como uma teia que é inserida na crise simbólica arquetípica que Byington (2011) apresenta. Esse autor nos descreve o processo de polarização vivenciado pelo jovem oscilando entre uma postura de desamparo e dependência e outra de arrogância e valentia.

Exatamente isso é o que acontece com Valente, pois ela mostra, ao longo da história, essa polarização, ora amando, ora odiando a mãe, suas ordens, suas imposições, mas, ao mesmo tempo, se dá conta do quanto a ama e deseja tê-la como companheira.

A integração dessas polaridades na adolescência e a saga da heroína da história ao ir em busca do que sua alma pedia marcam o início de um processo de individuação que não acontece, necessariamente, na segunda metade da vida. Palavras de Von Franz:

> Muitas vezes o "processo de individuação" só se torna consciente na segunda parte da vida. Ele pode, entretanto, começar bem mais cedo se o desenvolvimento normal do indivíduo foi perturbado, ou ainda em virtude de qualquer outra razão individual que depende do destino de cada um. Não podemos estabelecer uma regra geral e dizermos aos jovens: "As questões sobre o sentido da vida, sobre seu destino individual não são próprias para a sua idade; você deve viver!" Se, em todas as épocas, a juventude se aprouve de filosofar e refazer o mundo, em nossos dias um número cada vez maior de jovens encontra seu núcleo e o fio de seu destino (VON FRANZ, 1995, p. 208).

Os arquétipos são vivenciados no cotidiano e, segundo a autora, "não podem morrer, visto que correspondem a disposições instintivas hereditárias; a morte de uma figura arquetípica significa a sua despersonificação". Dessa maneira, eles perdem a sua forma para adquirir outra e, quando se livram de sua aparência humana, dão a entender que não poderão ser integrados nesse nível.

O que a princesa e a rainha vivem quando esta é transformada em urso através de um feitiço vem mostrar exatamente isto: um complexo constelado obrigando as duas a passarem pela experiência na floresta, onde deverão integrar não só um passado em que a história de seu povo deveria ser respeitada (arquétipo cultural), como também o momento de vida das duas, em seus papéis de mãe e filha. O elemento simbólico do urso (contato com a sombra) é que será o eixo para uma integração maior entre a *anima* e o *animus* das duas, buscando adequar-se ao sistema familiar, mas, principalmente, indo em busca do "ser-si-mesmo" de suas almas. A "anima" representa o arquétipo do Yin no homem, o feminino que há dentro dele, e o "animus" representa a masculinidade da mulher, seu Yang. Já a sombra se apresenta com características pessoais inconscientes e reprimidas.

Nas palavras de Whitmont (2008), "essa outra personalidade só pode ser disciplinada se lhe dermos alguns meios de expressão e se também estivermos preparados para aprender com ela".

É a busca do fio para a tessitura da união e da integração de suas polaridades nos papéis de mãe e filha, sem deixar de corresponder aos anseios da cultura daquela época.

Novas configurações para o mundo da filha... para o mundo da adolescência...

## A linguagem simbólica

*Para vivenciar os símbolos realmente como tais — e em última análise*
*o que importa é a vivência — e não apenas vê-los como sinais,*
*devemos estar prontos para nos deixar tocar emocionalmente por eles.*

Verena Kast

## A deusa

Ao se fazer uma análise mais cuidadosa em relação aos cenários e comportamentos das personagens do filme, nota-se como a riqueza da linguagem simbólica ganha maior força e significado nessas representações. A saga, a vontade com que Valente luta pelos seus ideais, demonstram, de maneira clara, a força de uma energia psíquica que existe em potencial e que se manifesta como possibilidades e aptidões do ser humano. Segundo Grinberg:

> A energia psíquica [...] manifesta-se de várias formas, em experiências relativas a qualquer campo [poder, fome, ódio, sexualidade,

> religião], em ações e atitudes específicas [querer, sentir, lutar e trabalhar], como fenômenos dinâmicos da alma [instintos, desejos, afetos, atenção]. (GRINBERG, 2003, p. 92).

Sob o enfoque da Psicologia Analítica, a energia psíquica objetivada através da linguagem simbólica é o que enriquece e permite o contato entre o eixo ego-self. A linguagem simbólica adquire também um significado maior, ao ampliarmos nosso foco de estudo e ao vermos o quanto a jovem Valente simboliza a deusa Ártemis.

Jean S. Bolen, psicoterapeuta junguiana e especialista no tema, comenta que:

> As deusas gregas são imagens de mulheres que viveram na imaginação humana por mais de três mil anos. As deusas são modelos ou representações daquilo com que as mulheres se assemelham (com mais poder e diversidade de comportamento do que as mulheres se têm historicamente consentido exercitar). Elas são bonitas e fortes. São motivadas por aquilo que lhes interessa e representam padrões inerentes ou arquétipos que podem moldar o curso da vida da mulher (BOLEN, 2005, p. 48).

Verena Kast complementa essa análise ao trazer em seu livro *Pais e filhas / Mães e filhos* (1997) o lugar dos complexos materno e paterno na relação entre a família parental. Ela afirma que esses complexos são retomados na adolescência da garota que exercita o animus permeado pelo complexo paterno. "Qualidades de vida que foram experienciadas em conexão com o pai são transferidas para um namorado e/ou uma vida intelectual [...] ou são procuradas em outros homens e/ou no mundo do espírito". Ainda segundo a autora, os complexos se constituem em núcleos afetivos da personalidade, são experiências com uma forte emoção "provocadas por um embate doloroso ou significativo do indivíduo com uma demanda ou acontecimento no meio ambiente, acontecimento para o qual ele não está preparado".

Valente vivencia um complexo paterno positivo e o canaliza para o mundo do espírito, para a vida selvagem, não se adequando à determinação de dar continuidade ao papel de sua mãe e rainha. Seguindo ainda o pensamento de Kast (1997), o desligamento da filha em relação à mãe acontece em um espaço complicado e, em termos ideais, ele deve gerar uma nova relação entre as duas e, para isso, o elemento do complexo materno deverá ter sido integrado no papel de filha, agora adolescente e/ou adulta. Isso favorece uma relação mais madura e plena entre as duas.

Quando a personagem principal de nosso estudo surge, desde pequena, atuando de maneira contundente em busca daquilo que persegue como seu "self", não correspondendo aos anseios da mãe, já demonstra que a perda da mãe, como diz Julia Kristeva (1995), "é uma necessidade biológica e psíquica, o primeiro marco da autonomização e a condição da passagem para o mundo simbólico. Se não houver a perda, não pode haver a imaginação e a nomeação".

Assim, vivenciamos através da história, a passagem do arquétipo do matriarcado para o do patriarcado, e os símbolos da mãe são substituídos pelos símbolos do pai. São exatamente essas características que encontramos na jornada de Valente e que passaremos a estudar através das características da deusa Ártemis — arquétipo vivenciado pela jovem.

Apoiando-nos em Amaral (2007), Ártemis é a segunda geração olímpica e, juntamente com Atena e as Musas, são as representantes das filhas de Zeus. Recebeu o qualificativo de "A Amazona" e representa a força da criação, a expressão da solaridade, do princípio discriminador. Ainda segundo essa autora, "Ártemis, ao se tornar grega, coagulou em si as expressões do feminino autônomo, do feminino não submetido ao masculino invasor, porém submetido ao pai para obedecer às regras do patriarcado".

Essa deusa defende e mantém a presença do corpo como elemento estruturante da consciência; é o corpo livre, em eterno movimento, inserido na natureza. Ela simboliza o feminino guerreiro, descendente das Grandes Deusas, Senhora das Feras, das Florestas, da sabedoria do inconsciente, dos instintos, do cuidar e do restaurar.

Ártemis e seu irmão gêmeo, Apolo, inseridos nos fundamentos da mitologia, unem-se para que com suas flechas certeiras possam punir os seres que se perderam na integração dessas polaridades.

> Representam a ambivalência do ser humano, bem como as complementaridades opostas. Criando tensão, eles possibilitam a integração dessas polaridades para que o ser se torne uma totalidade — corpo e espírito (AMARAL *apud* ALVARENGA, 2007, p. 237).

A figura física dessa deusa corresponde em todos os sentidos com a guerreira Valente: o arco, a flecha e o prazer de cavalgar pela floresta e pelas montanhas lhe conferem a condição de viver sempre em contato com a natureza. Ela percorre campos e florestas e tem grande afinidade com a natureza e o mundo animal. Seu grande companheiro é o cavalo, e é com ele que a heroína sai pelas matas, quando surge alguma situação conflituosa, algum empecilho ou determinação que poderá se tornar um obstáculo para seus planos.

O desenvolvimento arquetípico do ego, representado por deusas ou deuses da mitologia, mostra um movimento da evolução e integração que fazem parte da configuração dinâmica e, nesse sentido, Ártemis representa o aspecto do ego identificado com a feminilidade e que colabora com o próprio crescimento, de maneira mais autônoma e ativa.

Cavalcanti completa essa ideia ao afirmar que:

> Desde muito cedo ela se coloca ao lado da mãe, defendendo-a em diversas ocasiões; assim, ela mostra a sua ligação com o mundo

> da mãe, o mundo feminino. O mito diz que essa deusa faz uma identificação com a sua genitora e assim pode definir a sua identidade sexual. Mas Ártemis possui a sua própria personalidade e individualidade, ela representa o feminino mais ativo ligado à fase fálica, e por isso se caracteriza como deusa guerreira e caçadora e não como deusa ligada ao princípio da fertilidade. Ela representa a possibilidade de evolução do feminino [...] o modelo arquetípico para a definição da identidade feminina e do casamento sagrado do masculino com o feminino (CAVALCANTI, 1995, p. 165).

Também chamada de "Arqueira", essa deusa sabia lidar muito bem com o arco e a flecha, instrumentos da caça que a identificam e com os quais consegue sempre atingir seu alvo. Tanto na narrativa mitológica quanto no filme *Valente*, a jovem recebe do próprio pai o arco e as flechas, e ele mesmo a faz rainha dos bosques. Esse momento nas histórias mostra a grandeza arquetípica contida nessa deusa, que possibilita ao ego tanto definir a sua identidade sexual feminina quanto adquirir confiança em sua capacidade de vontade, objetividade e ação correta e discriminada no mundo. Valente é muito hábil ao manejar o arco e a flecha, seus pretendentes não conseguem chegar próximo de suas habilidades e, sob um olhar simbólico, corroborado pelas palavras de Cavalcanti (1995), "a habilidade em usar corretamente o arco mostra que o ego pode superar a castração e está suficientemente assegurado do exercício da sua capacidade fálica e da vontade objetivada no mundo".

O arco está associado às iniciações cavalheirescas, isto é, ao ego na fase fálica e edípica do desenvolvimento, e a flecha se assemelha ao relâmpago e ao raio, à possibilidade de criatividade. Esta, assim como o raio, é o feixe de luz que transpassa a escuridão, trazendo a lucidez, o conhecimento. Cavalcanti afirma que, em algumas tradições culturais, o arco é identificado com a potência divina, e a flecha com a sua função de destruição do mal e da ignorância.

Estudando-se as características dessa deusa, nota-se que todo o filme traz uma mensagem significativa para as jovens. A heroína da história, uma jovem adolescente que entra em conflito com as exigências de sua mãe, representa a força e o poder de exercitar uma ação, carregada de razão e emoção.

Ártemis encarrega-se do crescimento dos jovens, rapazes e moças até a sua maturidade e, uma vez constelado, o arquétipo dessa deusa promove o desenvolvimento, ampliando as competências e a individualidade, tornando-se um guia para que o trajeto de mudança consiga levá-los até a concretização de seus ideais.

Acompanhando a filmagem, notam-se vários momentos em que esse foi o *script* vivenciado por Valente: no enfrentamento com sua mãe, ao se negar a casar com um dos pretendentes impostos; quando o feitiço transforma sua mãe em um urso; nos obstáculos que as duas transpuseram até a quebra do encantamento; na ocasião em que a jovem, já segura do seu desejo e fortalecida por haver enfrentado também o urso, retorna ao salão do palácio, toma a palavra e grita:

> — *Cheeega! Havia um reino muito antigo que se desfez em guerra e caos. Agora eu sei como um ato egoísta pode mudar o destino de um reino... Lendas são lições, elas carregam a verdade. Nosso reino é jovem. A história dele é poderosa, mas eu fui egoísta! Eu criei uma grande rachadura em nosso reino, a culpa é completamente minha e, agora, eu sei que preciso reparar meu erro — tenho que remendar a união. Então chegamos à questão do meu noivado e eu decidi fazer o que é certo! E quebrar a tradição! Minha mãe, a rainha, sente em seu coração que eu... que nós estamos livres para escrever nossa própria história, seguir nossos corações e encontrar o amor no tempo certo... A rainha e eu passamos a decisão a vocês, milordes: poderiam nossos jovens decidir por si mesmos a quem deverão amar?*

Esse momento é bem significativo, pois os pretendentes sentiram-se reforçados pela postura e pelas palavras da princesa e acabaram confessando que também não se sentiam à vontade para desposar alguém a quem não amavam. Seria necessário isso acontecer sempre, em nome da ordem, da tradição e da obediência cega prestada aos pais?

Depois de algumas perguntas, pais e filhos decidem que os jovens deverão primeiro conquistar o coração da princesa amada antes de sua mão! Nessa ocasião o rei, pai de Valente, reconhece a força do feminino em seu castelo e acaba admitindo o poder que a filha tem, ao dizer:

— *Igualzinha à sua mãe... sua danadinha!*

Tal qual Ártemis, deusa filha de Zeus, Valente delimita as fronteiras entre o masculino e o feminino, entre o selvagem e o civilizado, entre a tradição e a renovação.

## O animal

*Ao relacionar-se com uma irmã-sombra,*
*use as palavras mágicas da necessidade e do sentimento.*
*Lute com isso. Tente conhecê-la. Seja ela. Seja você.*
*O resultado será a integridade.*
Barbara Koltuv

Chamam a atenção, durante todo o desenrolar do filme, os vários momentos em que o animal urso aparece. Já no início da trama, Valente fala sobre a história de quando seu pai perdeu uma das pernas por conta de uma luta travada com um urso, e o próprio pai sempre fala sobre o desejo de encontrar o animal para se vingar. A rainha se transforma em urso e, na casa da bruxa, há vários ursos esculpidos por ela.

Explorando um pouco mais o mito da deusa Ártemis, Amaral (2007) afirma que, como deusa da natureza, muitas vezes ela é retratada com seus animais prediletos, que representam algumas de suas características e, entre eles, há o urso como símbolo "da força elementar da natureza, passível de transformação. Competência para adquirir o poder sobre a matéria e sobre a natureza".

Por conta dessas características, Ártemis também é conhecida como "deusa-ursa". O urso é considerado um animal lunar, ctônico e noturno, ligado à manifestação dos instintos. Cavalcanti (1995) complementa esse significado ao afirmar que esse animal "representa os aspectos instintivos positivos e negativos do feminino que devem sofrer uma transformação e humanização através dos ritos iniciáticos dedicados à Ártemis".

O estudo simbólico desse animal é analisado por Denise Ramos no livro *O animal e a psique*[4], em que a analista junguiana aponta alguns aspectos que o caracterizam, tais como: feminino e materno; ingenuidade e estupidez; agressividade e personificação do mal. Na mitologia grega, é com os dois últimos atributos que esse animal se relaciona com Ártemis, representando o aspecto monstruoso, cruel e sacrificador.

O momento da história em que a mãe se vê transformada em urso, animal que amedrontava e assustava a todos, apresenta de maneira simbólica o contato com a própria sombra que pode corresponder à parte da personalidade que fora reprimida em benefício de um ego ideal, representando o inconsciente pessoal.

Whitmont (2008) fundamenta esse arquétipo ao afirmar que a sombra "consiste nos complexos, nas características pessoais que repousam em impulsos e padrões de comportamento, os quais são uma parte 'escura' definida da estrutura da personalidade".

Ao virar urso e ver-se no espelho, a rainha entra em contato com o seu lado mais instintivo, ainda que sem perder a "pose de rainha" (em alguns momentos cômicos), tentando se adequar ao lado animal em que tinha se transformado. Somente tendo a possibilidade de viver esse lado sombrio é que ela pode exercitar um lado mais simples, rústico e

---

[4] RAMOS, Denise G. et al. *O animal e a psique: baleia, carneiro, cavalo, elefante, lobo, onça, urso* (volume I). São Paulo: Editora Summus, 2005.

natural da vida. O fato de aprender com a filha a pescar o próprio peixe e a comê-lo com as próprias mãos permite que ela vivencie experiências que o seu papel de rainha não permitia.

O reconhecimento desse outro lado trouxe transformações significativas não só para a rainha, mas também para a relação mãe-filha. "Quando a sombra é reconhecida, é fonte de renovação; o impulso novo e produtivo não pode vir dos valores estabelecidos do ego." (Whitmont, 2008).

Ainda segundo esse autor, a sombra pode representar aquele lado da personalidade que tem condições de conduzir o sujeito para uma atuação na vida mais humilde e humana, podendo levá-lo a novos *insights* e horizontes da vida. Ideia confirmada também por Cavalcanti (1995), que fala em polaridades do feminino que devem sofrer uma transformação e buscar uma integração na personalidade.

Nesse sentido, depreende-se que o contato com a sombra abre uma grande possibilidade para nossa individualidade, para a busca de nossa essência, ampliando nossa consciência e percepção de quem somos realmente.

A trama tem como simbologia maior o fato de a rainha transformar-se em urso, exatamente o animal que o rei estava à caça. A bruxa, ao preparar o feitiço, faz com que a mãe através do seu aspecto mais instintivo — símbolo do animal urso — possa encontrar-se novamente com seus instintos, seu lado mais primitivo, e integrá-lo de maneira mais equilibrada para tentar "salvar" sua relação com a princesa. Como ajustar a relação? Há necessidade de se contatar com o que mais assusta — "urso/ sombra" — para poder domesticá-lo e integrá-lo.

Ao despertar o seu lado animal e mais selvagem, que estivera adormecido enquanto cuidava das obrigações no castelo e se ocupava com a formação de Valente, surge a possibilidade de uma maior integração entre os arquétipos do animus e da anima, favorecendo, também para ela, no seu papel de rainha, percorrer um caminho delineado por uma vida mais liberta de tantas demandas e obrigações. Essa mudança se manifesta até no seu cabelo, pois, quando termina o feitiço, retoma à vida, mas de uma outra maneira: cabelos soltos, cavalgando seu cavalo ao lado da filha! Sensação de liberdade, de desafio enfrentado e do resgate da relação com a princesa.

É a energia instintiva do animal que alimenta a ação e a emoção do feminino... energia essa que contribui para a tessitura... ora tecendo, ora sendo tecida, mas sempre em um movimento de renovação e integração.

## O brasão-panô

*Outros dizem que o destino é costurado como um tecido onde a sina de um se interliga à de muitos outros... é a única coisa que buscamos ou que lutamos para mudar... alguns nunca encontram o destino, mas outros são levados a ele...*[5]

O brasão-panô adquire um significado forte, sendo o cenário metafórico onde as personagens vivenciaram seus papéis.

Essas palavras nos remetem ao mito grego das Moiras — as três irmãs que determinavam o destino dos homens e dos deuses ao fabricar, tecer e cortar o fio da vida. Elas decidiam o destino dos gregos e, através dessa costura, a sina de um se interligava à sina de outros... mistérios da vida e que ao vivenciá-los por meio de uma energia psíquica vinda de um movimento, de uma direção ou finalidade, é possível, ou não, ampliar a consciência. Elas também são consideradas as "Fiandeiras do Destino".

Um dos momentos significativos da história está representado quando Valente e a mãe, no quarto do palácio, discutem e, numa reação de raiva e fúria, a jovem rasga o brasão-panô ao meio, separando a imagem da filha da imagem da mãe. A partir desse episódio, todo o desenrolar da história caminha no sentido daquilo que a feiticeira havia determinado: "Remende a união, por orgulho separada."

[5] Trecho extraído do filme *Valente*.

Nas palavras de Kast (1997), "sempre que entramos em ligação com símbolos, deparamos com uma situação existencial atual". Sob o olhar da Psicologia Analítica, para que o envolvimento simbólico produza seu efeito, evoque seu significado, é necessário ser tocado emocionalmente, e, olhando a relação entre mãe e filha, nesse momento do filme, nota-se a carga de emoção que as duas manifestam. Em termos psíquicos, o remendar o panô pôde representar todo o caminho que iriam percorrer para que a união entre elas surgisse não só da integração do *animus* e da *anima* de cada uma, mas também do complexo constelado através do feitiço. Pode-se pensar que o panô rasgado é a objetivação da experiência psíquica que ambas vivenciaram. Houve uma separação, uma diferenciação, que, depois de ser revivida e ressignificada, permitiu que a integração das partes — do panô e dos papéis de mãe e filha — pudesse acontecer, trazendo outra qualidade para a relação. As histórias e expectativas tanto da mãe quanto da filha carregadas de emoções puderam ser restauradas e atualizadas.

As cenas nas quais elas vivem situações de medos e enfrentamentos na floresta dão à filha a ocasião para ensinar a mãe/urso a sobreviver e a não morrer de fome; e, por outro lado, a mãe, convivendo na pele do animal temido por todos no palácio, teve a possibilidade de contatar e integrar a sombra à sua consciência.

Somente através dessa troca de papéis, de se verem e de se relacionarem de outra maneira, foi possível à Valente resgatar a mãe positiva, pois o complexo da mãe negativa estivera constelado até aquele momento.

Simbolicamente, mãe e filha lutaram contra um passado cultural e arquetípico que marcava o lugar onde viviam e tiveram a possibilidade de resgatar o fio que permitiu, através da costura das partes do brasão-panô, constelar o arquétipo da integração entre o *animus* e a *anima*, face à objetivação da experiência e à ressonância subjetiva vivenciada por ambas. Kast (1997) corrobora essa ideia ao afirmar que: "O símbolo, como foco do desenvolvimento psíquico, é o portador do desenvolvimento criativo num processo terapêutico. Por conseguinte, o processo de individuação torna-se, no símbolo, experienciável e claro".

Quando ainda estão na floresta e o sol nasce, Valente cobre a mãe/urso e diz:

> — *Mãe, me desculpa, a culpa é toda minha. Eu fiz isso com você, com todos. Sempre esteve ao meu lado. Nunca desistiu de mim. Eu quero você de volta. Volta, mamãe... eu te amo!*

Em seguida, a jovem consegue voltar ao castelo enquanto sua mãe/urso se vê obrigada a lutar com o verdadeiro urso... enfrentamento real com a sombra. Após costurar o panô, volta para a floresta e vê o feitiço se desfazer. Olha para a mãe e diz:

> — *Você mudou!...*
>
> — *Oh, querida! Eu acho que nós duas mudamos* — *responde a mãe.*

A mensagem final do filme atualiza as relações parentais. Há necessidade de flexibilidade nos papéis de pais e filhos. A posição fixa e cristalizada em um dos aspectos — excesso ou falta de maternagem ou de paternagem — não oferece a possibilidade de um crescimento, bem como de conquistas maiores de todos os sujeitos envolvidos. Somente um sistema familiar que respeite a realização do "si-mesmo" de cada elemento, que entre em ressonância com a personalidade e papel de cada um na dinâmica familiar, é que permitirá que cada membro sinta e vivencie a ideia de pertencimento a esse núcleo, pois é ela que poderá nortear todos na busca da própria autorrealização.

Foram todos os desafios que mãe e filha enfrentaram na floresta, por conta do feitiço da bruxa, que favoreceram a elaboração simbólica para se chegar à ampliação da consciência, beneficiando a atualização dos desejos da mãe e da filha.

## O final e a abertura para novas possibilidades

Nesse momento, puxamos os fios de cada item apresentado, integrando todo o conhecimento advindo de leituras e reflexões que, certamente, não terminaram... Chega-se à bordadura final, o laço que irá reunir essas ideias, deixando um pedaço de fio solto... pois é exatamente esse tema que irá se ligar a outros temas, afinal, ao se falar sobre mundos, fala-se também sobre papéis e sobre sujeitos que neles habitam. Sujeitos que são produtos do momento sociopolítico-cultural em que vivem, mas que também são produtos de uma realidade ontológica de ser, sempre em busca de realização pessoal, do "chamado da alma" e que vivenciam situações arquetípicas consteladas nesses papéis.

Hoje fala-se de um patriarcado com um pai mais nutridor e presente, um matriarcado com uma mãe mais atuante e presente, de filhos que se inserem na dinâmica da família de maneira mais incisiva e atuante. Fala-se, também, dos vários tipos de família: tradicional, monoparental, mosaico, homoafetiva e outras. Como lidar com tudo isso? Somente com atenção às mudanças sociais que surgem e que exigem uma postura adequada às novas realidades, sem que se perca a própria identidade de ser, é que será possível o contato com novos desafios instaurados nos sistemas familiares.

Estudar as dinâmicas parentais durante os séculos e nos deter e mergulhar nas mensagens desse filme, dialogando com "a ação, a razão e a emoção" dessa heroína que foi em busca do que acreditava como verdade sua, independentemente das convenções e normas ditadas pelas famílias daquela época, foi um desafio. Adentrei na territorialidade desses sistemas familiares, deixando-me tocar pelas ressonâncias dessa história, no resgate de mitos familiares que nos exigem atualizações, coragem e crença de que se pode e deve lutar por aquilo que se acredita, buscando a transformação de mandatos recebidos por meio de gerações que, se não questionados, podem se transformar em destino!

O longa-metragem *Valente* também se atualiza através da personagem Merida, que entra na história das princesas dos contos de fada com um novo papel: a filha do rei e da rainha que desde pequena sabe o que quer, que batalha pelo seu sonho, mas que, para poder realizá-lo, deverá enfrentar grandes desafios que mostrarão para as novas princesas o "caminho do meio", isto é, como respeitar o chamado de sua alma e preservar seu lugar na família, sem se tornar elemento de discórdia.

Grandes desafios para as "princesas" do século XXI!

AMPLIAÇÕES >

CONTATO >

Lídia Lacava
WhatsApp: (11) 99647.8420
Instagram: @lidia.lacava

## REFERÊNCIAS

AMARAL, Maria Theresa M. B. "Ártemis sagitária". In: ALVARENGA, Maria Zélia de (org.). *Mitologia simbólica*. São Paulo: Casa do Psicólogo, 2007.

ARIÈS, Philippe. *História social da criança e da família*. Rio de Janeiro: LTC, 1984.

BYINGTON, Carlos A. *Pedagogia simbólica*. Rio de Janeiro: Rosa dos Tempos, 1996.

__________________. "A família como sistema estruturante do *self*: um estudo da psicologia simbólica junguiana". Artigo preparado para os seminários de formação de analistas da SBPA, IX, Turma 4°. semestre, 2011.

BOLEN, Jean Shinoda. *As deusas e a mulher: nova psicologia das mulheres*. São Paulo: Paulus, 2005.

CAVALCANTI, Raissa. *O mundo do pai: mitos, símbolos e arquétipos*. São Paulo: Cultrix, 1995.

GRINBERG, Luiz Paulo. *Jung, o homem criativo*. São Paulo: FTD, 2003.

JUNG, Carl Gustav. *O desenvolvimento da personalidade*. Petrópolis: Vozes, 1981.

KAST, Verena. *Pais e filhas — Mães e filhos*. São Paulo: Loyola, 1997.

______. *A dinâmica dos símbolos*. São Paulo: Loyola, 1997.

KOLTUV, Barbara Black. *A tecelã: ensaios sobre a psicologia feminina extraídos dos diários de uma analista junguiana*. São Paulo: Cultrix, 1997.

LIMA FILHO, A.P. *O pai e a psique*. São Paulo: Paulus, 2002.

NEUMANN, Erich. *A criança: estrutura e dinâmica da personalidade em desenvolvimento desde o início de sua formação*. São Paulo: Cultrix, 2004.

______. *O medo do feminino*. São Paulo: Paulus, 2000.

RAMOS, Denise G. *et al*. *O animal e a psique: baleia, carneiro, cavalo, elefante, lobo, onça, urso* (volume I). São Paulo: Editora Summus, 2005.

SARGO, Claudete. *O berço da aprendizagem*. São Paulo: Ícone, 2005.

STEIN, Murray. *Jung: o mapa da alma*. São Paulo: Cultrix, 2000.

VON FRANZ, Marie-Louise. *A interpretação dos contos de fadas*. São Paulo: Paulinas, 1960.

______. *O feminino nos contos de fadas*. Petrópolis, Vozes, 1995.

WHITMONT, Edward. *A busca do símbolo: conceitos básicos de psicologia analítica*. São Paulo: Cultrix, 2008.

## CINEMATOGRAFIA

O filme *Valente* foi lançado nos EUA, em 2012, com o título *Brave*. É uma animação — desenho infantil de Walt Disney em parceria com a Pixar Estúdios — cuja produção foi protagonizada pela primeira vez por uma mulher. A direção é de Mark Andrews e Brenda Chapman, com roteiro de Brenda Chapman e Irene Mecchi.

# 9. ARTETERAPIA E *SELF-HEALING:* Um feliz encontro para ampliar o olhar interno das mães de crianças com deficiências

Patricia Alcovér Hadlich

*Quando olhamos profundamente para dentro de nós e vemos a grande força que todos nós temos, o desespero desaparece e o ambiente externo começa a mudar para melhor.*

**Meir Schneider**

Esta pesquisa partiu de uma série de estudos anteriores, como forma de aprofundar ainda mais o artigo que escrevi sobre a integração fisiopsíquica utilizando o método *Self-healing* de Meir Schneider e a Psicologia Analítica de Carl G. Jung. A partir desse estudo e do meu trabalho clínico e institucional como psicóloga e terapeuta do método, percebi como o corpo e a visão atuam de maneira integrada à psique e me questionei se a Arteterapia não seria uma eficiente ferramenta para essa integração.

Nas palavras de Meir Scheneider (2004), o método *Self-healing* é um "sistema holístico, não médico, de reabilitação e prevenção. Ele é detalhado e integrado, combinando educação dos movimentos, massagem terapêutica, automassagem, movimento passivo, exercícios de movimentos suaves, respiração, visualização e treinamento de visão".

Especializei-me no treinamento de visão do método e foi a partir dele, e de seus exercícios, que iniciei este estudo, resultando em uma palestra e depois em um artigo de minha autoria chamado: "Psique e corpo — um olhar à luz do *Self-healing*", publicado no livro *Encontros de Psicologia Analítica* (Spaccaquerche, 2010).

Ali já plantava uma semente a respeito desse assunto, sugerindo que ao término dos exercícios para visão do método *Self-healing*, de Meir Schneider, relatados em tal livro, a pessoa pudesse dar forma aos conteúdos internos, sentidos e vivenciados, através de anotações, desenhos, pinturas, modelagem, ou qualquer atividade artística que pudesse expressar isso. Foi assim que percebi que já existia uma proposta para esta pesquisa.

Urrutigaray (2011) relata sua necessidade em acentuar os alcances do trabalho com a arte de modo que os estudos acerca da psique humana possam estar além dos dados quantitativos, empíricos e normativos, tratando-o de maneira mais integral e vinculada com seu meio, respeitando-se suas diferenças individuais e ampliando, assim, o olhar acerca do humano, inserindo-o num universo onde se analisa sua dimensão simbólica.

Na experiência que vivenciei como psicóloga, até 2016, em uma instituição que atende crianças com deficiência, sentia a falta de um trabalho mais consistente e lúdico com as mães que sofriam com as mesmas queixas apresentadas nas reuniões semestrais. Nessas reuniões, ficava evidente o foco de atenção sempre dirigido aos seus filhos, limitando a visão que tinham acerca de si mesmas. Foi nesse momento que surgiu a ideia de unir os estudos anteriores com o trabalho de integração fisiopsíquica e a Arteterapia para beneficiar essa população.

Dessa forma, a proposta foi trabalhar com as mães das crianças com deficiência utilizando os exercícios para visão do método *Self-healing* como sensibilização para o trabalho com Arteterapia, com o objetivo de criar um espaço para que essas mães pudessem falar e expressar suas angústias, compartilhando-as e ampliando o olhar sobre si mesmas para além do papel materno que as ocupava a maior parte do tempo de suas vidas.

## Nasce uma mãe, nasce um filho com deficiência... nasce uma pesquisa

Ao ficar grávida, nasce com esta mulher uma mãe e, com ela, uma série de expectativas, fantasias e novos sentimentos. A partir desse momento, ela não é responsável apenas por sua vida, mas também pela vida que passou a gerar com um futuro à frente. Mas o que ocorre ao saber-se mãe de uma criança com alguma deficiência?

Buscaglia (1993) diz que o confronto com uma nova e inesperada realidade "[...] pode exigir-lhes uma drástica mudança em seu modo de vida, na profissão, nas esperanças para o futuro e nos planos de alcançar seus objetivos". Então, como lidar com esses sentimentos?

Em meu trabalho institucional, as mães relatavam sempre a dificuldade em dedicar-se a suas necessidades individuais devido à absorção por parte de seus filhos, que lhe demandavam um trabalho e dedicação quase integral, e, assim, deixavam de cuidar de si mesmas, da relação conjugal e das relações sociais e profissionais.

A respeito do arquétipo materno, Jung (2000) diz que é através de sua consciência que "[...] o homem ainda é natureza e está conectado com suas raízes". Busquei, portanto, diante do conflito vivido com o nascimento dos filhos e com a descoberta das deficiências deles, aproximar essas mães de suas imagens primordiais, ampliando assim o olhar que elas têm acerca de si mesmas de maneira mais abrangente e pessoal.

Além disso, o arquétipo materno e seus complexos[1] as acompanharão por toda a vida, de forma positiva ou negativa, já que "[...] a mãe é o primeiro mundo da criança e o último mundo do adulto" (2000). Assim, o equilíbrio se faz, a partir da consciência do ser individual que habita essa mãe. E somente a partir dessa consciência é que poderá ter alguma reflexão ou ação a esse respeito. Jung (2000) diz que "essas mulheres também podem possuir dons valiosos que só não foram desenvolvidos porque a própria personalidade ficou totalmente inconsciente".

O principal objetivo desta pesquisa, então, foi o de tentar verificar a importância e aplicação da Arteterapia como facilitadora para a criação

---

[1] Complexo: conteúdos com grande quantidade de energia psíquica, autônomos que, quando inconscientes, podem atingir um ponto sensível do indivíduo e trazer algum tipo de perturbação. "[...] são como nossos órgãos feridos, que reagem rápida e intensamente aos estímulos e perturbações externas" (GRINBERG, 2003, p. 125).

de um espaço de expressão e descoberta dos sentimentos e conteúdos internos dessas mulheres para o melhor cuidado consigo mesmas e, como consequência disso, a probabilidade de aliviar as tensões causadas pelo papel de serem mães de crianças com deficiência, mantendo-se atentas e sensíveis à sua condição como ser humano, tal como cita Buscaglia:

> A melhor coisa que pais equilibrados podem fazer é expressar sua condição humana. Seres humanos que lutam e buscam o crescimento devem fazer saber que às vezes se sentem sozinhos, que choram quando estão magoados, que ficam zangados quando são frustrados, que esquecem e fazem todas as coisas maravilhosas próprias de todos os seres humanos. Os pais também devem saber quando rir de si próprios, amar, se preocupar, sonhar, ter necessidades e compartilhar. Em outras palavras, os pais devem saber que são humanos e não deuses e, portanto, sentirem-se felizes em fazer o que mais sabem fazer — exercer sua condição de seres humanos (BUSCAGLIA, 1993, p. 82).

## Arteterapia

Ancona-Lopez, prefaciando o livro de Arcuri e Dibo (2010), diz que a Arte, assim como a religião, mostra o resultado da vida de quem a produz. Mostra aspectos de si dos quais não se tem consciência e que trazem possibilidades de mudanças gerando temor ou atração. Seu produto pode tornar reais e palpáveis as crenças, valores, sonhos e fantasias das pessoas, pois são materiais concretos como músicas, esculturas, pinturas, performances, poesias etc. E, assim, o indivíduo pode se conhecer melhor, através de sua obra e de seus atos.

> Arteterapia é um processo que se serve da expressão artística espontânea e dos símbolos nela contidos, para criar uma ponte entre os

> mundos internos e externos dos indivíduos. Em terapia, a criação artística dá margem à observação, reflexão, interação, diálogo e elaboração, e, assim, proporciona o reconhecimento da dinâmica psíquica (ARCURI e DIBO, 2010, p. 18).

Urrutigaray (2011) também fala sobre isso, dizendo que a criatividade que se manifesta nas produções artísticas traz características simbólicas. Ela diz que, quando as ideias se encontram com os materiais plásticos, com o corpo, música ou outras manifestações artísticas, materializam as imagens mentais para que se concretizem as necessidades individuais. E, assim, quando o indivíduo encontra a representação concreta de seus recursos pessoais, ocorre uma superação pessoal.

Ancona-Lopez (2010) nos diz ainda que "a expressão artística une o mundo externo e o mundo interno, colocando-os em diálogo e colaboração, amalgamando-os em um modo individual e único de ser".

Saviani (2004) diz que, além de estabelecer um contato com seu mundo interior, o indivíduo também se reconhece como criador, "[...] elabora o autoconhecimento e a linguagem artística, obtendo maior presença do seu processo em relação à vida, à sociedade e ao universo".

Arcuri e Dibo (2010), ao fazerem uma retrospectiva da Arteterapia no mundo e no Brasil, contam que o campo já era abordado em textos de Jung com sua teoria dos arquétipos, quando as pessoas tinham dificuldade em expressar conteúdos profundos de maneira verbal, ao identificar a relação que os indivíduos faziam entre seus sonhos e os desenhos produzidos por eles a esse respeito.

> Jung verificou em seu trabalho clínico que a produção artística — em especial, o desenho e a pintura —, ao estimular a concentração, a imaginação e a criatividade, poderia apresentar dupla eficácia: conservar a ordem psíquica ou restabelecê-la (JUNG *apud* ARCURI e DIBO, 2010, p. 19).

"A produção artística é uma forma de exercitar a musculatura da alma" (Arcuri e Dibo, 2010). Nesta fala, as autoras fazem uma analogia com a flexibilidade do material e formas de utilizá-los como expressão dos conteúdos internos dos pacientes, trabalhando de maneira lúdica, leve, fluida e espontânea, tornando reais estes conteúdos internos que perdem sua ordem espacial e proporcionam "[...] o reconhecimento da dinâmica psíquica, tornando-se via de acesso à totalidade do ser". Elas comparam esse exercício à necessidade física de fortalecimento muscular. Dizem ainda que o inconsciente se projeta nas produções artísticas e, com a ampliação da consciência através da Arteterapia, essas projeções podem ser vistas externamente e, assim, integradas à consciência. Desse modo cria-se um diálogo entre os opostos consciente e inconsciente, mundo interno e externo.

Aliás, todas as autoras citadas são unânimes na compreensão de que a Arteterapia é um diálogo ou uma ponte entre o inconsciente e o consciente, que os recursos artísticos trazem aspectos inconscientes para que possam tornar-se conhecidos quando expressos concretamente.

## Sensibilização e o método *Self-healing* de Meir Schneider

> Cada um de nós precisa assumir o compromisso de reivindicar a
> nossa herança e o nosso direito inato, que é a saúde, a felicidade
> e uma vida duradoura, equilibrada e produtiva.
> E tudo isso começa com os nossos olhos!
> Schneider

A sensibilização é a etapa inicial do processo, em Arteterapia, que tem o propósito de facilitar a abertura do tema a ser trabalhado. Segundo Bernardo (2008), a sensibilização "[...] deve ter sintonia simbólica com o tema e recurso a ser trabalhado". É a parte do processo em que os participantes entram em contato com a proposta que será realizada e com a atividade seguinte que aprofunda tal assunto. Como o próprio nome diz, é uma fase em que os participantes se sensibilizam com o tema.

Como a proposta era trabalhar a ampliação do olhar sobre si mesmas para além do papel materno já bastante conhecido, considerei que seria extremamente relevante o uso da técnica do *self-healing* na etapa da sensibilização de modo a aliar meus conhecimentos e prática com um método que trabalha exercícios com a visão.

No já referido capítulo que escrevi para o livro *Encontros de Psicologia Analítica* (Spaccaquerche, 2010), explico que o *Self-healing* é um método holístico que trabalha de maneira integrada a educação do movimento, massagens, respiração, visualização e uma série de exercícios para a melhoria da visão.

O método foi criado por Meir Schneider, que nasceu com catarata congênita, quase cego. Passou por diversas cirurgias na visão, aprendeu braile e, como nunca viu essa limitação como um impedimento para nada que queria fazer na vida, lutou bravamente contra as contradições e conflitos do mundo que o impedia de realizar essas coisas.

Conheceu uma bibliotecária ao buscar livros para sua avó, que lhe recomendou conversar com um garoto que havia superado uma miopia fazendo exercícios visuais de um livro que ela lhe indicou. Eram exercícios de um renomado oftalmologista norte-americano chamado William Horatio Bates (1860-1931), nascido em Newark (Nova Jersey), que desenvolveu o chamado método Bates para recuperação natural da saúde dos olhos. Em sua obra intitulada *Perfect Eyesight Without Glasses* (Visão perfeita sem óculos), publicada em 1919, Bates expõe suas teorias, que eram em sua maior parte contrárias à prática oftalmológica estabelecida. A partir daí, trilhou seu caminho fazendo os exercícios já existentes e inventando novos a partir daqueles, criando seu próprio método e recuperando sua visão a ponto de obter sua carta de motorista.

É um método que trabalha com a quebra de padrões do estreito olhar para a vida. Analogamente, Schneider diz que:

> Nossos olhos foram projetados para se envolver em uma diversidade de circunstâncias, com diferentes luminosidades e a diferentes distâncias e a rigidez em olhar um dia inteiro para uma tela de computador, por exemplo, faz com que percamos a acuidade e assim perdemos o entusiasmo por olhar e ver a diversidade da vida à nossa volta (SCHNEIDER, 2012, p. 19).

As mães das crianças com deficiência, por estarem envolvidas direta e integralmente nesse papel, também acabam por perder esse olhar mais diversificado e até mesmo distante, de um futuro para suas vidas.

Segundo Buscaglia (1993), a mãe é a única pessoa a oferecer os cuidados especiais que a criança deficiente necessitará, precisando dispor de uma extraordinária atenção. Ela, assim, terá menos oportunidades de interagir e se relacionar com os outros membros da família e com o mundo ao seu redor.

Portanto, quebrar um padrão enrijecido de olhar para sua vida poderá trazer outras visualizações e cuidados consigo mesma e até mesmo com a família e o mundo ao seu redor.

> Um olhar relaxado diante da vida não lhe permite tomar atitudes baseadas somente no coletivo... Ele é baseado num diálogo harmônico com sua consciência em seu caminho único e individual, conectado com a sua alma (HADLICH, 2010, p. 228).

Os principais exercícios visuais do método *Self-Healing*, que foram usados em minha pesquisa, chamam-se *palming* e *sunning*. O *palming* é usado para relaxar o sistema visual e consiste em esfregar as duas mãos, cobrindo os olhos fechados, pensando e visualizando a cor preta. Já o *sunning*, além de ajudar a relaxar os olhos, também "[...] estimula a retina e exercita os músculos da íris para que a pupila possa se contrair quando necessário", trabalhando assim com o ajuste às diferentes luminosidades. Consiste em fazer movimentos com a cabeça, voltada para o sol, de olhos fechados, apontando o queixo de um ombro ao outro alternando com o *palming* por alguns minutos, repetindo esta alternância algumas vezes. Outros exercícios utilizados como sensibilização nessa pesquisa, trabalham o equilíbrio entre os dois olhos, entre a visão central, a visão periférica e a observação dos detalhes.

Segundo Boff (*apud* Urrutigaray, 2011), "para que alguém consiga entender como outrem interpreta um fato, é preciso saber qual a sua visão de mundo, pois qualquer ponto de vista está sempre relacionado com este ponto de visão".

Por isso é tão importante que se tente entender e observar a visão de mundo dessas mães. Elas próprias puderam, a partir de um olhar mais apurado sobre si mesmas, ampliar sua concepção de mundo e, assim, obtiveram outros pontos de vista para as mais diversas situações que já enfrentaram e para as que ainda virão. "Quando olhamos profundamente para dentro de nós e vemos a grande força que todos nós temos, o desespero desaparece e o ambiente externo começa a mudar para melhor", observa Schneider (2004).

## Detalhando a pesquisa

O projeto foi realizado com as mães das crianças atendidas na ONG Projeto Acolher, na cidade de Joanópolis, São Paulo. Havia uma necessidade, percebida pelas profissionais que atuam nesta entidade, de criar-se um espaço para que pudessem trocar experiências e expressar seus sentimentos em relação à sua condição comum: o papel de mães dessas crianças, podendo também ter nesse espaço um lugar de reflexão, assim como seus filhos que ali são atendidos.

Essa prática apresenta três participantes do grupo, identificadas por suas iniciais: D., M. e R., todas com idade entre 40 e 50 anos. D., mãe de um adolescente de 16 anos com síndrome de Asperger, é separada e trabalha como auxiliar de limpeza. M., mãe de uma adolescente de 18 anos que teve paralisia cerebral por anoxia e de um menino de 10 anos sem nenhuma deficiência, é casada e trabalha como auxiliar administrativa. R. é mãe de uma menina de 6 anos, sem diagnóstico, com atraso na aquisição de linguagem oral e de um adolescente de 18 anos sem deficiência. Ela é casada e trabalha como cuidadora e faxineira.

Foram realizadas oito oficinas elaboradas com base nos exercícios para a visão do método *Self-healing*, de Meir Schneider, e nas atividades propostas pela Arteterapia. Essas oficinas foram realizadas quinzenalmente, na própria instituição, com duas horas de duração, no período em que não havia atendimentos às crianças.

Todos os encontros foram gravados em áudio e transcritos após sua realização. A análise dos dados coletados foi feita num primeiro momento de forma subjetiva, com as impressões percebidas pela pesquisadora, e, em seguida, comparadas e embasadas pela teoria pesquisada. Foi observado o comportamento das participantes durante o encontro, seu envolvimento com o trabalho oferecido, com as demais participantes e com a pesquisadora. Também foi levada em consideração, a escolha dos materiais, a expressão e reflexão sobre o trabalho e as associações do tema proposto com suas experiências e vivências individuais.

O padrão estabelecido para os encontros foi uma sensibilização com exercícios do método *Self-healing*, de Meir Schneider, ou um conto, seguido de atividades arteterapêuticas. Ao final de cada encontro, abria-se uma roda de conversa, com chá e biscoitos, com o objetivo de que se sentissem cuidadas e acolhidas após as atividades, facilitando, assim, o diálogo.

## Considerações finais

A posição e discriminação da sociedade por seus filhos parece ser um tema recorrente em todos os núcleos familiares pesquisados, e a possibilidade de olharem para isso através de outros ângulos e referenciais pode ter repercutido de maneira positiva, aumentando sua autoconfiança e segurança ao enfrentar tais situações.

Descrevo abaixo alguns recortes de depoimentos dados no encerramento do processo arteterapêutico que coadunam para com os objetivos propostos pelo trabalho que foi realizado.

> R.: Para mim foi justamente a história da lanterna, né? Porque foi o conjunto de tudo o que a gente vive, né, mas acho que essa luz que a gente encontra, porque antes ficamos meio assim, sozinhas, perdidas.

> D.: Para mim tudo foi importante, mas também achei a lanterna muito boa. Porque foi tudo o que eu pus na minha vida, o tempo, os sonhos, as dificuldades, e no final é a luz! E essa luz vai iluminar o nosso caminho.

Ademais houve o reconhecimento da união entre elas e o alívio que isso trouxe devido à troca de suas experiências, amenizando o sentimento de solidão diante de suas dificuldades e encontrando apoio e acolhimento umas com as outras.

> D.: Foi muito bom também, porque sou sempre só eu. Eu não posso falar sobre isso com qualquer um, porque tem gente que não

entende, que ri na nossa cara, e aqui eu me senti à vontade para falar. Aqui todas são "igual a eu", igual ao meu filho [sic].

Também foi possível que elas percebessem o quanto puderam ajudar os filhos, dedicando-se a si mesmas e sendo notadas por eles.

> D.: Ele ficava contente e querendo saber o que eu fazia aqui, via que eu estava me cuidando.

Conseguiram reconhecer a força não só do exterior, mas também a força interna que é capaz de fazer com que enfrentem as adversidades, sem medo, com a realidade que têm, e que possam contemplar a beleza da conquista ao final de cada jornada percorrida. E, por fim, a necessidade e a vontade em levarem deste trabalho a continuidade do olhar mais amplo e individualizado para suas vidas e suas famílias.

> R.: Que a gente faça novas caixas e que o ciclo continue, e que também venha mais gente participar.

Buscaglia (1993) diz que é possível que a família de uma pessoa com deficiência atue de modo positivo mediante a sociedade, mas para isso deverá "adaptar seus próprios sentimentos em relação à deficiência e à criança deficiente". Ouso ir um pouco além dessa afirmação, acreditando que cada membro da família também possa compreender seus sentimentos e necessidades em relação a si mesmo, diferenciando-se, para, assim, assumir uma postura e atitude íntegra e consciente, de modo a auxiliar e permitir que cada um possa agir e viver da mesma maneira, apenas sendo quem é.

A tomada de consciência e a ampliação do olhar dessas mães sobre si mesmas parecem ter permitido uma postura positiva e saudável entre a família e consigo mesmas. Mais conscientes de si, essas mulheres têm agora posse de suas emoções e sentimentos antes adormecidos e/ou reprimidos talvez pela padronização e acomodação de uma rotina e modo de vida sem esta perspectiva.

A Arteterapia e a sensibilização com o *Self-healing* parecem ter possibilitado essa tomada de consciência, primeiramente a partir do próprio corpo, com o contato dos exercícios visuais, o que depois foi complementado pelas atividades arteterapêuticas, que concretizaram essa tomada de consciência de modo não verbal, permitindo que as imagens falassem por si. Com a verbalização elas puderam se expressar de maneira mais clara a partir das imagens e da experiência corporal que vivenciaram de maneira lúdica, com leveza e suavidade, mesmo que os conteúdos trabalhados ou surgidos com a produção pudessem ser densos e difíceis.

Foi um trabalho profundo e enriquecedor, que atingiu seus objetivos em cada encontro, trazendo mais consciência a essas mães tão envolvidas com as necessidades especiais de seus filhos, fazendo-as ampliar sua visão para além deles e voltarem um pouco mais seu olhar para si mesmas.

Com essa ampliação de consciência, outros objetivos também puderam ser alcançados, como a criação de um espaço de troca e de reflexão entre as participantes, compartilhando suas angústias e alegrias. Além disso, esta pesquisa também ampliou a compreensão sobre a eficácia do método *Self-healing* de Meir Schneider para além dos benefícios físicos, mas também psíquicos, em sua utilização como sensibilização para atividades em Arteterapia, agindo como um facilitador para a introdução do tema a ser trabalhado no *setting* terapêutico.

OFICINAS >

CONTATO >

Patricia Alcovér Hadlich
Whatsapp – (11) 99675.5654
Email: maosdadaspsicoarte@gmail.com

## REFERÊNCIAS

ANCONA-LOPEZ, Marília. "Prefácio". In: ARCURI, Irene Gaeta; DIBO, Monalisa. *Arteterapia e mandalas: uma abordagem junguiana*. São Paulo: Vetor, 2010.

ARCURI, Irene Gaeta. *Arteterapia de corpo e alma*. São Paulo: Casa do Psicólogo, 2004.

BERNARDO, Patrícia Pinna. *Temas centrais em arteterapia*. Coleção: A prática da arteterapia — correlações entre temas e recursos (volume I). São Paulo: Edição da autora, 2008.

______. *A alquimia nos contos e mitos e a arteterapia: criatividade, transformação e individuação*. Coleção: A prática da arteterapia — correlações entre temas e recursos (volume V). São Paulo: Edição da autora, 2010.

BUSCAGLIA, Leo. *Os deficientes e seus pais*. Rio de Janeiro: Record, 1993.

GUTTMANN, Mônica. *Armando e o Tempo*. São Paulo: Paulus, 2004.

HADLICH, Patricia Alcovér. "Psique e Corpo — Um olhar à luz do *Self-Healing*". In: SPACCAQUERCHE, Maria Elci Barbosa (org.), *Encontros de Psicologia Analítica*. São Paulo: Paulus, 2010.

JUNG, Carl Gustav. *Aion: estudos sobre o simbolismo do si-mesmo.* Petrópolis: Vozes, 2000.

______. *Os arquétipos e o inconsciente coletivo.* Petrópolis: Vozes, 2000.

PAIN, Sara. *Os fundamentos da arteterapia.* Petrópolis: Vozes, 2009.

PERERA, Sylvia Brinton. *O complexo do bode expiatório: rumo a uma mitologia da sombra e da culpa.* São Paulo: Editora Cultrix, 1986.

SAVIANI, Iraci. "Ateliê terapêutico — Encontrarte: viver arte, criar e recriar a vida". In: CIORNAI, Selma (org.). *Percursos em arteterapia,* (volume 6). São Paulo: Summus, 2004.

SCHNEIDER, Meir. *Saúde visual por toda a vida: 10 passos para aperfeiçoar a sua visão de modo natural.* São Paulo: Cultrix, 2012.

______. *Movimento para a autocura.* São Paulo: Cultrix, 2005.

SPACCAQUERCHE, Maria Elci B. (org.). *Encontros de psicologia analítica.* São Paulo: Paulus, 2010.

URRUTIGARAY, Maria Cristina. *Arteterapia: a transformação pessoal pelas imagens.* Rio de Janeiro: Wak, 2011.

# 10. A contribuição da Arteterapia para o diálogo entre pais e seus filhos adolescentes

**Deborah Garcia**

**e Erika Varallo Caseiro**

*Os filhos não precisam de pais gigantes,*
*mas de seres humanos*
*que falem a sua linguagem e sejam capazes*
*de penetrar-lhes o coração.*
**Augusto Cury**

Em nossa prática como psicólogas e nos atendimentos aos adolescentes e suas famílias, temos nos deparado com queixas de ambos os lados sobre um certo distanciamento e, muitas vezes, grande dificuldade para o diálogo ou a falta dele nesse período. Fato que nos deixou inquietas e pensativas sobre como tentar amenizar o sofrimento que já é característico dessa fase tanto para os pais quanto para os adolescentes, mas que parece ter se agravado nos tempos atuais.

Conforme afirmam Pratta e Santos (2007), a adolescência representa um período de busca pela própria identidade, em que o indivíduo enfrenta intensos conflitos internos e externos, desequilíbrio emocional e a pressão das pessoas mais próximas do seu convívio social, em relação ao desempenho escolar, aquisição de novas responsabilidades, nas interações sociais e em relação à sua aparência física. Muitas vezes os pais encontram dificuldades em lidar com essa fase dos filhos, que exige muito diálogo, orientação e compreensão, seja porque os filhos se isolam ou porque se sentem inseguros e angustiados.

Essas questões são abordadas por Aberastury e Knobel (1981), que afirmam que os pais podem encontrar dificuldades para aceitar as mudanças por que passa o filho adolescente, geralmente relacionadas à genitalidade e à manifestação de novas atitudes e posturas, muitas vezes representadas pela rebeldia e pelo enfrentamento. Os autores citam também o fato de que a perda do corpo infantil do filho pode produzir, no adulto, um sentimento de luto e de não aceitação do porvir, assim como o crescimento do filho o leva a ter que se confrontar com o seu próprio crescimento pessoal.

Pensando nessa temática, optamos por realizar uma pesquisa sobre o tema e uma proposta de intervenção com pais de adolescentes, utilizando referenciais da Arteterapia. Segundo Urrutigaray (2003), a Arteterapia promove a expressão de sentimentos e a liberação de energias psíquicas, permitindo que se entre em contato com aspectos que não podiam ser percebidos e nomeados, promovendo, assim, a criação de novas possibilidades por meio da imaginação transformadora.

Acreditamos que uma proposta de intervenção arteterapêutica poderia proporcionar uma ressignificação do vínculo na relação de pais e seus filhos adolescentes, ao promover maior compreensão sobre seus próprios sentimentos e maior entendimento em relação à fase que seus filhos estão vivendo.

Para atingir tais objetivos, utilizamos técnicas que permitem aos pais relembrar a sua própria adolescência, refletindo assim sobre o vínculo e a forma como as relações têm se estabelecido nesse período. Entendemos que ao perceber essa relação, os pais possam avaliar melhor as suas expectativas e o seu papel na vida do filho e, assim, se reposicionar e buscar a melhor maneira de se aproximar ou dar espaço para esse filho vivenciar essa nova fase de descobertas.

## Como este projeto começou

Este estudo fez parte de um trabalho prático para conclusão de curso da Pós-Graduação em Arteterapia Aplicada à Saúde, Artes, Educação e Organizações, da Universidade Paulista — Unip.

Para podermos fazer o convite aos pais possivelmente interessados, divulgamos a nossa proposta em uma reunião de pais de adolescentes (12 a 14 anos) em uma escola particular situada no município de Taboão da Serra, na qual uma das pesquisadoras trabalhava. Para este estudo, realizamos um recorte de duas participantes que serviram de modelo. Sendo elas:

AM. 33 anos, mãe de L., 12 anos, filho único, casada, ensino superior completo, trabalha como assistente de almoxarifado; e

LE. 39 anos, mãe de AR. de 3 anos e C. de 13 anos, casada pela segunda vez. Tem mestrado na área da educação e trabalha como supervisora de ensino.

## Entendendo um pouco mais sobre o adolescente

A adolescência representa um período do desenvolvimento humano em que ocorrem intensas transformações de ordem biológica, psicológica e social, que marcam a passagem da infância para o mundo adulto. Segundo Diane Papalia, Sally Olds e Ruth Feldman (2010), influentes pesquisadoras do desenvolvimento humano, na adolescência:

> [...] a aparência dos jovens muda; como resultado dos eventos hormonais da puberdade, eles adquirem corpo de adulto. O modo de pensar também muda; estão mais aptos a pensar de maneira abstrata e hipotética. Seus sentimentos de um modo geral se alteram. Todas as áreas do desenvolvimento convergem à medida que os adolescentes confrontam sua principal tarefa: estabelecer uma identidade — incluindo a identidade sexual — que levará para a vida adulta (p. 392).

Segundo as autoras, o cérebro na adolescência passa por mudanças dramáticas, envolvendo as estruturas relacionadas às emoções, ao julgamento, organização do comportamento e autocontrole.

Além das alterações biológicas e cognitivas, no âmbito da psicodinâmica, Aberastury e Knobel (1981) enfatizam que "a adolescência é um período de contradições, confuso, ambivalente, doloroso, caracterizado por fricções com o meio familiar e social", pois representa uma etapa decisiva de um processo de desprendimento iniciado desde o nascimento. Esse processo de desprendimento, segundo os autores, é muito conturbado, pois o adolescente flutua entre o impulso do desprendimento do âmbito familiar ao mesmo tempo em que se defende contra o temor da perda do conhecido, até que consiga aceitar ser independente dentro de um limite necessário de dependência. As alterações que ocorrem nesse período suscitam uma nova identidade, culminando em uma mudança na relação do adolescente com os seus pais e com o mundo que o cerca.

## Como ficam os pais dos adolescentes?

Tania Zagury, pedagoga e escritora de diversos livros sobre educação, em seu livro *Adolescente por ele mesmo* (1997), chama de "onipotência pubertária" essa nova postura do adolescente. Enfatiza também que isso abala as estruturas dos pais, pois estes não estão preparados para essa nova identidade e tomam um susto quando percebem que o filho, que antes tinha como lei tudo o que era dito, agora questiona e muitas vezes contradiz o que é dito pelos pais.

Nessa busca dos adolescentes por uma nova identidade, surgem muitas dúvidas, angústias e inseguranças, pois ao mesmo tempo em que se tem um desejo de ganhar o mundo, esse mesmo mundo assusta, fato que fica visível na alternância do comportamento, ora muito social, ora muito introspectivo, dentro do seu quarto.

Pela perspectiva de Carlos Byington, médico psiquiatra e analista junguiano, "A família como sistema estruturante do *Self*"[1] (2011), a maturação sexual, corporal e cognitiva que o adolescente está vivenciando permite-lhe começar a experimentar os arquétipos matriarcal, patriarcal e de alteridade, três das cinco posições arquetípicas da consciência, que são formas típicas de a psique existir no mundo. Ele ressalva que tais posições arquetípicas podem operar ao longo da vida do indivíduo, de forma passiva ou ativa. O arquétipo matriarcal, vivenciado passivamente na primeira infância, como carinho e afeto, é vivenciado de forma ativa na adolescência, por meio da sensualidade e da criação dos vínculos afetivos. O arquétipo patriarcal, vivenciado passivamente na segunda infância, é vivenciado como autonomia e auto-organização na adolescência; e o arquétipo da alteridade começa a atuar de forma passiva na adolescência, momento em que o indivíduo está mais vulnerável à presença do outro em sua vida.

Sendo assim, o adolescente vai experimentando e oscilando entre as diferentes posições, ativa e passivamente, no intuito de encontrar seu caminho para a individuação, ao conquistar seus próprios valores e crenças, a fim de buscar sua autonomia e fortalecer sua identidade. Segundo a Psicologia Analítica, o processo de individuação funciona "como uma tendência reguladora inconsciente que promove o crescimento psíquico" (Von Franz, 1987).

Muitas vezes nesses momentos de sentimentos contraditórios, os pais se afastam ou são afastados pelos filhos. Vale lembrar que, da mesma maneira que o adolescente está se encontrando e se adaptando

[1] Artigo preparado para os seminários de formação de analistas da SBPA, IX, Turma, 4° Semestre, março de 2011. Encontra-se no site: http://www.carlosbyington.com.br/site/wp-content/themes/drcarlosbyington/PDF/pt/familia_como_sistema_estruturante_do_self.pdf.

a essas mudanças, os pais também estão revendo sua postura como pais.

Segundo Arminda Aberastury e Mauricio Knobel, os pais de adolescentes vivenciam o luto pela fase infantil do filho e procuram se adaptar a esse novo filho que age, sente e pensa de maneira diferente:

> Ocorre que também os pais vivem os lutos pelos filhos, precisam fazer o luto pelo corpo do filho pequeno, pela sua identidade de criança e pela sua relação de dependência infantil. Agora são julgados por seus filhos, e a rebeldia e o enfrentamento são mais dolorosos se o adulto não tem conscientes os seus problemas frente ao adolescente (ABERASTURY e KNOBEL, 1981, p. 15).

Em contrapartida, o adolescente vive um período de sentimentos contraditórios, pois, para independer-se daqueles com quem vive uma relação tão forte, às vezes acaba se distanciando e agindo com agressividade.

> É uma época de grande crescimento e também de grandes perdas. O jovem tem que se separar, se independizar dos pais, daí a melhor maneira é criar uma imagem negativa do pai e da mãe, achar-lhes mil defeitos, criticar, criticar muito mesmo, para assim ter a justificativa de que precisam para atenuar uma ligação tão forte (ZAGURY, 1997, p. 117).

Byington ressalta também que a forma como os pais lidam com essas atitudes do adolescente é extremamente importante nesse processo. Se não forem compreendidas pelos pais de maneira mais consciente e madura, eles podem acabar assumindo uma atitude defensiva, principalmente se não tiveram a oportunidade de viver uma fase da adolescência de forma mais saudável:

> Tudo vai depender da sabedoria dos pais em poder perceber a pujança da juventude como continuação da vida deles e das gerações anteriores através da inveja criativa ou da insensatez de caírem prisioneiros da inveja defensiva (aquela que ataca o objeto invejado) e passarem a competir com os jovens (BYINGTON, 2011, p. 13).

Entendemos que, apesar de toda a dificuldade que os pais possam encontrar na relação com o seu filho adolescente, é imprescindível que eles se encontrem abertos para acompanhá-lo em suas necessidades e para que se permitam participar com o filho dessa nova aventura de redescoberta. Essa atitude positiva perante a adolescência permitirá aos pais manterem uma relação mais fortalecida com os filhos e fornecerá a eles maior segurança e acolhimento.

De acordo com Maria Tereza Maldonado:

> A arte de educar consiste, sobretudo, na possibilidade de os pais crescerem junto com cada filho, respeitando e acompanhando a trajetória que vai da dependência quase total do bebezinho para a crescente autonomia e independência do filho já quase adulto (MALDONADO, 1986, p. 9).

Adotar essa postura, no entanto, não é tão fácil quanto parece, e muitas vezes os pais se encontram perdidos e confusos para enfrentar essa jornada. Os mecanismos de defesa começam a surgir e não são raros os pais que acabam agindo de forma negligente ou autoritária com o filho adolescente, impossibilitando o diálogo e atrapalhando o estabelecimento de uma relação mais saudável.

Içami Tiba, psiquiatra e autor de diversos livros sobre educação, em seu livro *Adolescentes: quem ama educa* diz:

> Os pais agora têm que adotar um novo posicionamento educativo. Não podem mais ser como os pais de bebê, com o amor dadivoso, como os pais de crianças com o amor que ensina, pois agora o que o adolescente mais precisa é se preparar para a vida futura, fazendo o que se sabe, ajudado pelo amor que exige (TIBA, 2005, p. 35).

Considerando todas as dificuldades vivenciadas nesse período, reiteramos o quanto pode ser benéfico para a família o apoio de um profissional que possa auxiliá-la a vivenciar essa fase. A Arteterapia, como prática e teoria, surge nesse contexto como possibilidade para favorecer a expressão de sentimentos e o exercício da alteridade, por meio de atividades lúdicas que incentivem a criatividade, habilidade muito necessária para criar soluções e estratégias nesse período de desafios. Dividiremos com vocês um pouco da experiência terapêutica vivenciada neste projeto.

## Considerações finais

Iniciamos as nossas oficinas com o objetivo de promover o diálogo dos pais com os filhos adolescentes, favorecendo a aproximação e o fortalecimento desta relação. Para alcançar esse objetivo, buscamos resgatar a história desses pais, refletir sobre os papéis familiares, sobre os significados que as mudanças na fase da adolescência trazem para a família, propondo uma projeção para o futuro, alimentando desejos e sonhos. Pensávamos que, para promover maior compreensão sobre a fase que seus filhos estão vivendo, os pais precisariam refletir sobre si mesmos e buscar mais autoconhecimento.

O processo como um todo foi muito gratificante e proveitoso para todos os casais que participaram, em especial para as duas mães circunscritas na descrição deste trabalho: LE. e AM. As duas chegaram muito perdidas e desorientadas com as mudanças e novidades que surgem na adolescência. LE., mais contida e com uma relação mais próxima do filho, e AM., por sua vez, com uma relação mais distante, mas ambas com muito desejo de fortalecer essa relação e promover um diálogo saudável dentro dos seus lares.

Resgatando sentimentos, lembranças e fatos das suas próprias histórias de vida e da sua fase da adolescência, elas puderam se colocar no lugar dos filhos e iniciar um diálogo. Durante as oficinas, fomos vendo as transformações que ocorreram em cada participante, que cuidavam de sua própria história e dos sentimentos que foram surgindo ao longo do processo. Também vimos florescer o desejo de compreender os seus filhos e as mudanças na forma de olhar para eles. Aos poucos o adolescente distante e estranho tornou-se mais fácil de ser compreendido, pois pais e filhos puderam dialogar com respeito e empatia.

O final dessa prática nos trouxe reflexões do quanto foi positivo o trabalho e o quanto esse novo olhar favoreceu essa aproximação e mudança de comportamento. Os depoimentos evidenciaram que a experiência foi muito mobilizadora e promoveu muitas transformações, nas próprias participantes e na sua relação com os filhos e a família.

Observamos que o trabalho com a Arteterapia foi fundamental para que elas pudessem vivenciar e dar concretude ao que estavam sentindo e pensando. As atividades expressivas mediadas por vivências arteterapêuticas facilitaram às participantes acessar conteúdos internos de forma mais rápida e, objetivando suas experiências, puderam realizar autorreflexão nos diálogos com as imagens, favorecendo o aparecimento de *insights*.

Para nós foi extremamente prazeroso ver o desenvolvimento e crescimento pessoal das participantes nesse trabalho. Poder acompanhar de perto e apoiar famílias no sentido de fortalecer e melhorar suas relações foi muito gratificante. Essa experiência só nos fez acreditar e ressaltar ainda mais a importância e a eficácia da Arteterapia em um processo terapêutico, como um forte instrumento de ressignificação e transformação.

OFICINAS >

CONTATO >

Deborah Garcia
Instagram: @ deborahgarciapsi

Erika Varallo Caseiro
WhatsApp - (11) 97305.7157
Instagram: @psierikavarallo

## REFERÊNCIAS

ABERASTURY, Arminda; KNOBEL, Mauricio. *Adolescência normal: um enfoque psicanalítico*. Porto Alegre: Artes Médicas, 1981.

BERNARDO, Patrícia Pinna. *Temas centrais em arteterapia*. Coleção: A prática da arteterapia — correlações entre temas e recursos (volume I). São Paulo: Arterapinna, 2013.

BYINGTON, Carlos A. *A família como sistema estruturante do Self: um estudo da Psicologia Simbólica Junguiana*. Disponível em: http://www.carlosbyington.com.br.

PAPALIA, Diane E; OLDS, Sally W; FELDMAN, Ruth D. *Desenvolvimento Humano*. Porto Alegre: AMGH, 2010.

PRATTA, Elisângela M. M.; SANTOS, Manoel A. "Família e adolescência: a influência do contexto familiar no desenvolvimento psicológico de seus membros". In: Psicologia em Estudo, Maringá, v. 12, n. 2, mai/ago. 2007. Disponível em: http://www.scielo.br/pdf/pe/v12n2/v12n2a05 (acesso em 28/02/224)

SEI, Maíra Bonafé; GONÇALVES, Tatiana F. (org.) *Arteterapia com grupos: aspectos teóricos e práticos*. São Paulo: Casa do Psicólogo, 2010.

TIBA, Içami. *Adolescentes: Quem ama educa!* São Paulo: Integrare, 2005.

VON FRANZ, Marie-Louise. "O processo de individuação". In: JUNG, Carl Gustav. *O homem e seus símbolos*. Rio de Janeiro: Nova Fronteira, 1987.

ZAGURY, Tania. *O adolescente por ele mesmo*. Rio de Janeiro: Record, 1997.

# 11. Afetos entre mãe e filho ao adolescer sendo vivenciados pela Arteterapia Familiar

**Renata Cé**

*Como fica forte uma pessoa quando*
*está segura de ser amada!*
**Sigmund Freud**

No ano de 2016, após 16 anos de experiência em Arte-Educação com crianças, adolescentes e jovens em escolas da rede pública e privada, um certo desconforto tomou conta de mim. Algumas singularidades comportamentais na fase do adolescer que, nitidamente, trazem angústia, me vieram como um chamado. É a época da transformação interior, que nem sempre é um desabrochar sublime, muito pelo contrário, na maior parte das vezes vem carregada de dúvidas, desconforto e com a sensação de que ninguém no mundo compreende o jovem. É aquela fase na qual a criança começa a adormecer no interior do indivíduo para dar espaço a um ser mais independente. Pude, na condição de arte-educadora, observar, analisar, refletir e entender muitas coisas que anteriormente não entendia. Na verdade, muito antes de eu entrar nesse maravilhoso mundo da educação e conviver diariamente com tantas crianças e adolescentes, eu já sabia que essa fase de transformação não era algo muito fácil, afinal de contas eu mesma já estivera nessa condição de adolescer e lembrava-me muito bem de minhas angústias. Porém, com o passar do tempo e na minha condição atual de mãe, além da formação, dos estudos e experiência profissional, me debrucei sobre o assunto com um olhar muito amoroso de quem procura não somente compreender, mas também fazer algo para amenizar as aflições desses adolescentes e suas relações familiares, que, nesta fase, se tornam bastante fragilizadas.

Talvez o fato de ter sofrido muitos conflitos em minha própria adolescência tenha fortalecido em mim a empatia por esses alunos que se encontravam nessa fase. E por esse motivo, na sala de aula, sempre procurei ampará-los, ouvindo suas histórias familiares, seus medos, suas frustrações e suas explosões de raiva em seus ímpetos de revolta. E apenas ao ouvi-los já conseguia ver o quanto isso era alentador.

Então, foi com essa simpatia pelo tema e empatia pelos pequenos grandes indivíduos que se encontram nesse momento de tantas dúvidas e conflitos, que percebi que é possível e necessário intervir de alguma maneira para que esse desconforto seja amenizado.

Em meados de 2015, lendo alguns artigos, fiquei interessada pela formação em Arteterapia. Foi, então, que me aprofundei nas leituras sobre o tema e ficou claro, para mim, que essa especialização se fazia necessária, pois eu percebi que esse curso poderia ser um norteador para tornar mais amenos muitos conflitos internos, e que seguir esse caminho viria enriquecer o meu olhar de educadora e fazer de mim alguém mais sensível e preparada para o acolhimento de meus alunos. Assim, mergulhei de coração aberto nessa jornada em busca de novos aprendizados.

Fato curioso foi que, logo no início do curso de pós-graduação, em aulas com ricas sensibilizações em vivências arteterapêuticas, diversos conflitos de minha própria adolescência vieram à tona. A princípio, confesso que isso me assustou um pouco, pois jamais imaginei que voltaria a me deparar com as sombras da adolescência estando já na idade madura; porém, logo comecei a entender que eu estava, naquele momento, me permitindo resolver algumas questões, até então mal resolvidas, que embora pertencessem ao passado, refletiam em meu presente. E onde estavam instaladas essas questões? Exatamente em meus próprios conflitos e contrariedades de adolescente. Pude compreender muitas coisas que naquela época de menina não era capaz de compreender, pois lamentavelmente não tive muita orientação para tal. E como, felizmente, a compreensão sempre nos traz a luz de um novo rumo, ao perceber isso em tempos atuais, meus olhos brilharam para uma vida livre de algumas questões que me atormentavam até então.

E, assim, me vi na possível condição de facilitadora para que os demais que poderiam se encontrar nessa fase de conflitos do adolescer pudessem fazer de sua transição da pré-adolescência para a adolescência algo mais leve e com menos conflitos pessoais e familiares.

Foi, então, que resolvi adentrar esse universo me comprometendo com tal pesquisa. Para realizar um estudo de caso, convidei uma mãe de 45 anos de idade e seu filho de 11 anos para participarem de uma jornada arteterapêutica com o propósito de reestabelecer, fortalecer e estreitar os laços de afeto da relação mãe-filho.

A Arteterapia, aplicada a um grupo familiar, apresenta como uma de suas propostas, oferecer um canal de comunicação diferenciado entre os membros do grupo, que, ao entrarem em contato com os elementos simbólicos contidos nas dinâmicas arteterapêuticas, têm a oportunidade de repensar determinadas atitudes, surgindo uma possibilidade de até mudarem a maneira de se relacionarem, possibilitando um maior diálogo entre pais e filhos.

Desenvolvi, então, a pesquisa fundamentada nos pressupostos teóricos de vários especialistas que atuam no campo da Arteterapia Familiar, dentre os quais circunscrevo a teoria de Shirley Riley (1998), arteterapeuta americana, que propõe em sua obra *Arteterapia para famílias*, a partir de uma abordagem sistêmica, alternativas para que grupos familiares em crise ou com conflitos interpessoais se expressem por meio de imagens e metáforas, proporcionando, assim, uma reestruturação da realidade familiar. A premissa de Riley é de que o arteterapeuta familiar trace um plano de atuação que tem como objetivo central proporcionar práticas que possibilitem aos membros de uma família vivenciar situações de afetividade, especialmente durante a fase da adolescência, quando transformações biopsíquicas ocorrem de maneira tão decisiva e singular que, por conseguinte, terminam por ocasionar situações de conflito entre pais e filhos, tornando assim, difícil a convivência.

Para a autora, determinadas técnicas aplicadas na terapia familiar podem interromper comportamentos disfuncionais e padronizados do adolescente que dificultam a relação interpessoal e atender, assim, às necessidades multidimensionais da família.

Dediquei-me também, neste processo, aos estudos dos escritos preciosos do médico Carlos Amadeu Byington (2019) que, em seu artigo "A democracia e o arquétipo da alteridade", se refere ao exercício da alteridade na adolescência, e percebi, assim, que o arquétipo da alteridade precisa ser olhado com certa atenção, pois é justamente aí o momento em que o sujeito se coloca na condição de expressar seus próprios desejos e anseios, ou seja, é o momento de elaboração de escolhas, no qual ocorre um trabalho psíquico de elaboração de perdas e de reestruturação da falta do outro.

Este dinamismo da alteridade prepondera na adolescência e, se antes a criança tinha com o outro (seus pais) um padrão de relacionamento hierárquico, agora (na adolescência) a consciência busca um relacionamento mais igualitário e dialético. O que mais se evidencia, quando constelado o arquétipo da alteridade é, pelo adolescente, a busca por sua identidade, sua singularidade e suas competências. Nessa fase é ativado, também, o arquétipo do herói, momento em que o jovem amplia suas relações com seus pares de iguais, sua turma onde há identificação. Ao vivenciar essa fase, o adolescente apresenta um movimento interno de desligamento perante a autoridade dos pais e de quebra da imagem dos pais idealizados que trazia desde pequeno, para poder descobrir em si próprio, na busca por sua caminhada, um ser mais autônomo e livre.

O olhar para si ao adolescer não deve ser uma postura egóica, mas sim consciente de que, apesar do desenvolvimento e das transformações internas, precisamos uns dos outros para nos desenvolvermos e nos fortalecermos. Mas, para isso, é necessário que ambas as partes, pais e filhos, abram esse espaço de respeito pelas transformações oriundas do crescimento, para o saber falar, saber calar e saber ouvir, para que o fortalecimento da relação aconteça permeado por um diálogo franco e uma escuta empática e respeitosa apesar dos desentendimentos e dos conflitos que naturalmente surgem durante o adolescer.

Os pressupostos teóricos conceituais deste estudo de caso também fundamentam-se sobre os estudos de Sei e Gonçalves (2010), sobretudo por meio da obra *Arteterapia com grupos: aspectos teóricos e práticos*, que traz uma visão winnicottiana, segundo a qual a Arteterapia pode ser facilitadora do processo psicoterapêutico das famílias, pois minimiza resistências e amplia o entendimento do grupo, com ganhos proporcionados pela intervenção.

O estudo abrange também a teoria de Winnicott, ampliada com os referenciais de Madeleine Davis e David Wallbridge, autores de "*Uma Introdução à obra de D. W. Winnicott: limite e espaço* (1982), que aborda elementos importantes sobre o desenvolvimento da criança e do adolescente e como se dá sua interação no grupo familiar.

Ainda na abordagem winnicottiana, há o livro *A família e o desenvolvimento individual* (2011), em que Winnicott descreve o processo de amadurecimento do indivíduo no contexto familiar e discute fatores de integração e desintegração que influenciam toda a dinâmica que caracteriza determinada família com os sujeitos que a constituem.

As transformações começam na pré-adolescência, quando a criança começa a reconhecer seus pais de uma forma diferente. Os pais, que até então eram vistos como referenciais modelares, passam a ser um pouco depreciados pelo filho, pois ele percebe que sua idealização foi um tanto quanto equivocada, ou no mínimo exagerada. É nesse momento em que o pré-adolescente inicia uma busca pela própria identidade, se espelhando em outros adultos que ele admira, em amigos da escola, em artistas famosos, em professores, enquanto os pais passam a ser vistos como pessoas e não mais como super-heróis.

De acordo com o psiquiatra e psicanalista José Ottonni Outeiral, essa busca fantasiosa de si traz um desconforto muito grande para os pais, que precisam ser pacientes diante do processo de organização da identidade do filho.

> Os pais idealizados pela criança descobrem que são denegridos e desvalorizados pelo adolescente. Necessitam, entretanto, "sobreviver" às oscilações desse complexo andamento e aguardar que os filhos, mais tarde, possam valorizá-los dentro de elementos da realidade, não mais pelas fantasias e necessidades infantis e adolescentes (OUTEIRAL, 2003, p. 64).

Os participantes da jornada arteterapêutica que foi idealizada para a realização da parte prática dessa pesquisa, filho e mãe, estavam vivendo justamente essa fase mencionada por Outeiral. Essa mãe, em particular, já manifestava certo descontentamento em relação ao filho pré-adolescente: contava sobre brigas na escola, sobre o distanciamento que havia se estabelecido entre os dois e sobre a relação como um todo que estava desarmônica. Diante de tal situação, percebi que poderia ser extremamente positiva a participação de ambos nas oficinas arteterapêuticas com enfoque na dinâmica familiar. Para o filho, o momento de descobrir a sua nova identidade, e para a mãe, o desafio de testar os limites de compreensão diante de tais descobertas e transformações do filho.

## As oficinas: características gerais

O local escolhido para as vivências foi em meio à natureza, em uma chácara, na cidade de Sorocaba. A possibilidade de estar em um ambiente em que naturalmente já é de calmaria foi um atrativo para a escolha do local. Outro fator determinante foi criar a possibilidade de que os integrantes utilizassem recursos da natureza para as criações artísticas que faziam parte do processo, para o qual usou-se vários materiais e suportes: tintas, *biscuit*, jogos, elementos da natureza.

A proposta trouxe diferentes caminhos para sensibilizar o olhar de uma mãe para os anseios e angústias de seu filho pré-adolescente e do olhar mais afetuoso dele para com ela, possibilitando aos dois usufruírem dos benefícios de um relacionamento mais harmonioso.

## Considerações finais: e a alma fala

Foram dois meses com encontros semanais que fizeram três pessoas crescerem em suas ações e reflexões. Incluo-me nesse crescimento, pois eu saí desse processo diferente da forma com que entrei. O desenrolar dos encontros foi nos mostrando que atividades arteterapêuticas podem ser muito ricas para trabalhar questões com filhos adolescentes, propiciando uma relação familiar mais saudável, afetiva e enriquecedora para todos os membros. Ao final, encerramos o processo das oficinas arteterapêuticas de uma forma especial: as produções realizadas foram vistas em conjunto pelos participantes para que entrassem em contato com o processo criativo um do outro e pudessem contemplar e refletir sobre o percurso percorrido e seus desdobramentos.

Segundo Bernardo (2013), "os trabalhos realizados são um retrato desse processo, e a pessoa precisa conseguir se enxergar nesse retrato, reconhecendo sua nova face, transformada pela ampliação de seu autoconhecimento".

Minha percepção, como arteterapeuta que acompanhou todo o processo, foi de que houve a sensibilização necessária para que ambos olhassem, de outra perspectiva, os pontos frágeis da relação e como ela poderia ser conduzida com mais atenção e carinho. Muitas de suas sombras vieram à tona, e foi possível conversar sobre elas. Mas, também, muitos momentos de afeto ocorreram nesses encontros, fazendo-os perceber o quanto se sentiam carentes desse afeto. A mãe se emocionou ao dizer que ela tenta "ser menos dura com ele", mas que nem sempre consegue, e as oficinas a ajudaram a prestar mais atenção nisso, fazendo com que considerasse que talvez seja melhor começar a dar menos castigo e oferecer mais diálogo. Percebi vivo o desejo de mudança nessa relação, nascendo aqui a possibilidade de ambos olharem para novos horizontes, ao saírem sensibilizados pelo processo vivenciado em Arteterapia.

Bernardo, ao falar sobre a prática da Arteterapia, traz claramente a ideia de que tais recursos podem interferir diretamente na relação eu-outro se o participante se permitir embarcar nesse processo, pois a simbologia que envolve tais procedimentos predispõe os participantes à abertura ao novo olhar diante de si e do mundo.

> As atividades expressivas podem fornecer à alma uma linguagem através da qual ela possa manifestar-se e ser convidada a participar de nossa realidade concreta, colocando-nos em contato com os símbolos que guiam e estruturam o nosso desenvolvimento psíquico. Assim, ao trabalhar sobre a matéria com esse intuito (de abrir-se ao diálogo da alma), o homem também trabalha sobre si próprio, e desse processo poderá resultar uma transformação tanto interna (relativa ao eu) quanto externa (relativa às relações eu-mundo). (BERNARDO, 2013, p. 83).

Nesse caso, as atividades expressivas percorrendo temas variados em diferentes suportes artísticos por meio de uma abordagem arteterapêutica, possibilitaram que mãe e filho revissem o relacionamento na dinâmica familiar, abrindo possibilidades para diálogos, mudanças e novas configurações, buscando priorizar a relação afetiva e o vínculo familiar positivo.

As oficinas de Arteterapia Familiar foram pérolas preciosas para o estudo desenvolvido por mim e especialmente para os dois participantes devido ao momento que atravessavam na relação. A cada descoberta que eles faziam em si e no outro, eu descobria em mim mesma uma pessoa mais confiante no processo arteterapêutico, especialmente nos benefícios da Arteterapia Familiar, assim, o estudo deste caso trouxe um resultado muito satisfatório para mim e um afeto especial na relação com essa família. Eu era, nessa jornada, alguém que estava olhando de perto para a Arteterapia com olhos de quem acredita cada dia mais em seus bons frutos.

Vejo que o processo foi precioso também para eles, pois a simbologia das atividades propostas os fez se olharem e se escutarem, permitindo que abrissem os braços um para o outro, acolhendo-se em seu amor de mãe e filho, com suas alegrias, angústias, medos e teimosias reveladas.

Não se trata de tornar uma relação livre de conflitos, mas sim de trazer um olhar mais afetuoso, empático e compreensivo diante de possíveis conflitos. Fazer com que em seu cotidiano haja menos embates e mais parceria, mesmo que haja divergência de ideias, para aprender a calar e ouvir quando a alma do outro fala, mesmo que sem palavras.

Entre tantos teóricos da Arteterapia e da adolescência mencionados neste estudo, eu gostaria de deixar para sua reflexão atenta uma citação de Winnicott, autor com cujas teorias eu simpatizo. Ele apresenta uma ideia interessante que me faz acreditar que a Arteterapia seja de fato muito válida nesse momento do adolescer, pois ela traz o diálogo mediado pela Arte, em um momento em que os pais querem colocar imposições, mas que o verbal não é muito eficiente devido à dificuldade de falar e de ser ouvido. Não se pode esperar que o adolescente compreenda todas as normas de conduta colocadas pelos pais nessa fase em que ele busca autonomia. É preciso que os pais aceitem o desafio de passar por esse momento de olhos mais abertos e sem ditar todas as regras.

> É necessário examinar por um momento a natureza da imaturidade. Não devemos esperar que o adolescente se dê conta de sua própria imaturidade ou que saiba quais são as suas características. Tampouco precisamos compreendê-las. O importante é que o desafio seja aceito (WINNICOTT, 1971, p. 199).

Quando uma mãe se entrega a um processo arteterapêutico com seu filho adolescente em busca de uma relação com menos atritos, percebe-se que houve uma aceitação do desafio ao qual Winnicott se refere, e houve também uma consciência de que é preciso buscar diferentes formas de comunicação entre mãe e filho nessa fase de transformação do filho.

Percebi que a Arteterapia, de fato, mostrou aos participantes que crescer não requer desafetos. As oficinas proporcionaram aos dois a possibilidade de falarem e serem ouvidos; e quando não houve paciência para se ouvirem, pois, a ânsia de falar era grande demais, foi possível que se dessem conta por meio das sensibilizações propostas e de suas criações artísticas. A proposta trouxe diferentes caminhos para sensibilizar o olhar de uma mãe para os anseios e angústias de seu filho pré-adolescente e do olhar mais afetuoso dele para com ela, possibilitando aos dois usufruírem dos benefícios de um relacionamento mais harmonioso.

Este estudo de caso, o primeiro de minha caminhada como arteterapeuta na prática da Arteterapia Familiar, mostrou-se como um grande portal para que eu seguisse nesse caminho vindo a conduzir muitas famílias, mas, desde então, com a certeza da potência dessa abordagem como ferramenta de transformação.

Munida dessa linda descoberta me disponibilizei para atender em uma Unidade Básica de Saúde na cidade de Sorocaba, como trabalho voluntário, para então aprofundar as pesquisas e levar para mais pessoas os benefícios da Arteterapia Familiar.

Elaborei, então, um novo projeto com duração de dois meses para ser realizado junto a UBS, que me oportunizou acolher cerca de 20 famílias que vieram semanalmente para as oficinas arteterapêuticas. A grande maioria das famílias já apresentava encaminhamento médico ou escolar de seus filhos, com queixas de fatores comportamentais, ou de *déficit* de atenção e hiperatividade. As mães estavam ansiosas por uma rede de apoio que, efetivamente, trouxesse facilidades, não só na relação familiar, mas também como suporte no desempenho escolar do filho. Então eu as acolhi para essa jornada de cuidados. Alguns núcleos familiares compareceram integralmente para participar, por exemplo, mãe, pai e filho presentes no *setting*, já em outros casos, havia somente a presença de mãe e filho, devido à impossibilidade em face aos compromissos de trabalho de outros familiares. Mas a presença e o engajamento no processo arteterapêutico, de uma forma ou de outra, trouxeram inúmeros benefícios para todos.

E, assim, fui tecendo cada etapa do processo que durou dois meses, estudando, vivenciando e sempre a postos, acompanhando lado a lado e percebendo as descobertas dessas famílias que iam colhendo os frutos da Arteterapia. Posso dizer que o trabalho na UBS foi bastante significativo. Ao final, fui convidada pela APAE de Sorocaba para compor o quadro de uma equipe multidisciplinar do setor de Saúde, no atendimento de habilitação e reabilitação de crianças e adolescentes com deficiência intelectual e múltiplas. Ao aceitar o convite, já levei minha proposta de atendimento familiar, visto que já estava segura dos seus benefícios.

Assim, iniciei meu trabalho na APAE, que foi muito além do olhar individualizado para crianças e adolescentes com deficiência, mas que focou especialmente no acolhimento das famílias para uma melhor qualidade de vida de todo o ecossistema familiar.

OFICINAS >

CONTATO >

Renata Cé
WhatsApp - (15) 98177.2838
Instagram: @artemisianaturopatia

## REFERÊNCIAS

BERNARDO, Patrícia Pinna. *Temas centrais em arteterapia*. Coleção: A prática da arteterapia — correlações entre temas e recursos (volume I). São Paulo: Arterapinna, 2013.

BYINGTON, Carlos Amadeu. "A democracia e o arquétipo da alteridade". *Junguiana*. V. 37, n. I p. 135-150, 2019.

CHEVALIER, Jean; GHEERBRANT, Alain. *Dicionário de símbolos: mitos, sonhos, costumes, gestos, formas, figuras, cores, números*. Rio de Janeiro: José Olympio, 2016.

DAY, Jennifer. *Visualização criativa com crianças*. São Paulo: Cultrix, 1997.

DAVIS, Madeleine; WALLBRIDGE, David. *Limite e espaço: uma introdução à obra de D. W. Winnicott*. Rio de Janeiro: Imago, 1982.

OUTEIRAL, José O. *Adolescer: estudos revisados sobre adolescência*. Rio de Janeiro: Revinter, 2003.

PHILIPPINI, Angela. *Linguagens e materiais expressivos em arteterapia: uso, indicações e propriedades*. Rio de Janeiro: Wak, 2009.

RILEY, Shirley. *Arteterapia para famílias: abordagens integrativas*. Comentários de Cathy A. Malchiodi. São Paulo: Summus Editorial, 1998.

SEI, Maria B. *Arteterapia e psicanálise*. São Paulo: Zagodoni, 2011.

SEI, Maria B.; GONÇALVES, Tania F. *Arteterapia com grupos: aspectos teóricos e práticos*. São Paulo: Casa do Psicólogo, 2010.

WINNICOTT, Donald W. *A família e o desenvolvimento individual*. São Paulo: Martins Fontes, 2011.

______. *O brincar e a realidade*. Rio de Janeiro: Imago, 1971.

# 12. ARTETERAPIA COM PAIS: o despertar do autoconhecimento e da comunicação amorosa conjugal e familiar

Clarice Almeida

*Quando somos capazes de ajudar os pais a ajudarem os filhos,*

*o que fazemos, na verdade, é ajudá-los a eles mesmos.*

Donald Winnicott

## Apresentação: o caminho para o encontro

O norte de meu trabalho final da Especialização em Arteterapia teve como um dos propósitos iniciais sugerir uma reflexão sobre a origem do sentido da palavra "encontro". Aqui, também por ela, inicio nossa conversa.

"Encontro" significa reunião de pessoas ou choque, embate ou briga, duelo. Se essa palavra for usada em uma frase compondo a locução "ao encontro de" será interpretada como se referindo a uma situação amistosa, favorável, satisfatória. Se surgir na frase a combinação "de encontro a", então apresentará o sentido contrário: colisão ou oposição, contrariedade. Tais locuções, "ao encontro de" e "de encontro a", apresentam, portanto, significados opostos.

Ao longo da minha caminhada pessoal estive ziguezagueando por caminhos em que o encontro sempre se fez presente. Inúmeras vezes encontros afetivos que mais pareceram significar choques e encontrões do que aproximação suave e calorosa de aconchego.

Do mesmo modo que as locuções geram significados opostos dependendo da aliança que fazem com determinadas palavras, as alianças emocionais conscientes e inconscientes que os membros de minha família fizeram também criaram alguns encontros amistosos e agradáveis e muitos outros permeados de confrontos e discórdias entre todos que se amavam.

Contudo, a experiência do meu casamento descortinou horizontes e o "ao encontro de" tornou-se mais constante nas minhas relações. Então, quando generosamente meus filhos me ofereceram a oportunidade de viver o nascimento de uma nova família, deu-se o início de um novo ciclo permeado de aconchego, seguido de tantos outros recheados de carinho e amor.

E, após mais de trinta anos de experiência como Psicóloga Clínica, busquei o curso de Arteterapia, num momento em que se configurava um novo formato em minha família de origem e mudanças importantes aconteciam em minha vida pessoal.

As vivências e o contato com os recursos arteterapêuticos oferecidos nesse processo de formação fizeram com que eu me fortalecesse como pessoa, mulher e mãe, a partir da evidente segurança despertada pela possibilidade de viver minha própria singularidade: O caminho "ao encontro de".

Assim nasceu este trabalho.

## Breve introdução

Somando-se às questões e reflexões acima compartilhadas e acompanhando o processo de Psicoterapia com pais e mães, observo que eles procuram atendimento psicológico para seus filhos, porque se encontram muito preocupados com o comportamento deles; contudo, nem sempre o associam ao universo psíquico e afetivo da criança e nem percebem o quanto tal comportamento está atrelado à dinâmica de relacionamento familiar.

Em seus estudos sobre o desenvolvimento da personalidade, Carl Gustav Jung afirma que:

> A criança se encontra de tal modo ligada e unida à atitude psíquica dos pais, que não é de causar espanto se a maioria das perturbações

> nervosas verificadas na infância devam sua origem a algo de perturbado na atmosfera psíquica dos pais (JUNG, 1983, p. 43).

Na grande maioria das vezes, os diversos motivos que sinalizam divergências entre os casais, aparentes ou não, geram dinâmicas de relacionamento familiar desgastadas, desalojadas de criatividade, compondo parcerias conjugais desafinadas. Desse modo, consequentemente, acarretam um grande prejuízo no desenvolvimento dos filhos, bem como nos papéis de pai e de mãe, que passam a ser desempenhados ora com excessos, ora faltosos em presença para acompanhar harmoniosamente a educação e o crescimento daqueles.

Sobre esse ambiente de relacionamento conjugal, Jung nos lembra que "dificuldades no relacionamento dos pais entre si refletem infalivelmente na psique da criança, podendo produzir nela perturbações até mesmo doentias".

Com o cenário familiar atuante nesse viés, muitas dessas crianças trazem também a dor psíquica de não confiarem no amor dos pais, sentindo-se desprotegidas, inseguras, desamparadas e sem crença em si, pois os motivos que desencadeiam tal mal-estar têm sua origem no âmago desse relacionamento. O clima relacional passa a constituir uma frequência de baixa qualidade de tolerância e satisfação, evidenciando fortes sinais de nascimento do estresse.

Segundo Donald Woods Winnicott (1999), o estresse "pode ser descrito em termos de fracasso do suprimento ambiental, justamente onde a confiabilidade se faz necessária". Portanto, outra ordem de conflitos que se acomoda nas atitudes dos pais é o fato de estabelecerem como referencial de educação algo baseado nos comportamentos que seus próprios pais tiveram para com eles, tornando-os consequentemente distanciados de sua própria espontaneidade e naturalidade e, sem qualquer questionamento, transmitem a seus filhos uma cultura de lei familiar tão desapropriada de intimidade e de consciência sobre a individualidade de si e do outro, que se tornam pais muito distantes afetivamente, implicando um impacto negativo para o desenvolvimento dessa criança.

Correm o risco de essas mesmas crianças no futuro, ao se tornarem pais ou mães, viverem a impossibilidade de reconhecer as singularidades da nova geração, transmitindo inconscientemente semelhantes características e dificuldades.

## Pais, filhos e o amor: ao encontro de singularidades

O nascimento de um filho é um evento especialmente transformador: inaugura a família, cria novo lugar e novo papel ao homem ou à mulher e faz despertar o pai e a mãe que cada deles aninhou dentro de si.

Muitas questões tornam-se peculiares a esse novo universo que se descortina aos pais, e a eles é imprescindível que construam seu olhar para a grandeza da importância que passam a exercer em relação à formação da personalidade de seus filhos. Cada atitude expressa pelos pais atinge a alma da criança tanto positiva quanto negativamente, constituindo fonte de segurança para ela a qualidade positiva desse contato. O grau de responsabilidade se amplia, passando os pais a terem de responder não só por seus próprios atos, mas também ao que passam a desempenhar e ao que passa a acontecer com sua prole. Tornam-se, portanto, uma referência de sustentação para as relações afetivas.

E, sobre a importância de os pais desempenharem um papel provedor e de sustentação, Winnicott acrescenta:

> O que é, pois, que os pais podem proveitosamente saber? Eu sugeriria que há duas coisas principais a saber, uma relacionada com o processo de crescimento [...] que pertence à criança; e a outra que se relaciona com o suprimento ambiental e é predominantemente

> de responsabilidade dos pais. [...] relaciona-se com o lugar especial que você ocupa como meio ambiente e como provedor ambiental. Ninguém tem de provar para você que um bebê necessita de afeto, calor e tratamento suave depois de nascer. Você sabe que isso é verdade. Se alguém duvidar compete a ele ou ela provar que você está errada. No fim de contas, você também foi bebê e possui lembranças para guiá-la (WINNICOTT, 1999, p. 142).

Nessas dinâmicas de relacionamento entre pais e filhos, fica bastante evidente que, toda vez em que os casais resolvem fazer reflexões sobre sua história pessoal e ressignificam essas passagens, trazem à consciência, nesse processo de autoconhecimento, os potenciais de si que se paralisaram por conta de prováveis experiências perturbadoras; e, seguindo esse caminho, tornam-se gradativamente mais compreensivos com seus pares e com seus filhos, ecoando imediatamente no clima familiar a manifestação dessa nova percepção. E, então, pais e filhos tornam-se mais calmos e mais seguros.

Quanto mais as pessoas que desempenham a maternagem e a paternagem estiverem em sintonia consigo, tanto mais fortalecidas estarão para se disporem a enfrentar o início dessa longa caminhada de conhecimento de si, criando relações mais transparentes, verdadeiras e previsíveis.

Sobre essa questão, Winnicott afirma:

> Para sermos coerentes e, assim, previsíveis para os nossos filhos, devemos ser *nós mesmos*. Se formos nós mesmos, os nossos filhos podem passar a conhecer-nos. Se estivermos representando um papel, seremos certamente descobertos quando nos surpreenderem sem as nossas máscaras (*Ibidem*, p. 141).

Falar em relacionamento afetivo demanda relembrar que o crescimento humano implica viver fases de conquistas tanto corporais quanto psíquicas, e cada etapa do desenvolvimento traz experiências que necessariamente são marcadas pela presença humana: é o outro que nos auxilia, que nos acompanha, que nos ensina, nos ama. Os pais tornam-se as figuras centrais de amparo e amor, modelos para nossa formação, constituindo-se fontes seguras para o nosso "vir a ser".

Entendo ser muito importante esclarecer que o referencial de "amor" aqui concebido é a possibilidade humana de acolher o outro em suas particularidades, em respeito ao que pode ser "semelhante", assim como "o diferente".

Essa me parece ser a questão central nas relações entre pais e filhos e na dinâmica familiar como um todo, uma vez que os pais, apesar de amarem seus filhos, embrenham-se em caminhos "de encontro" ao que seria mais precioso no seio familiar: a espontaneidade e harmonia entre as singularidades.

Se as primeiras impressões na alma da criança, em seu psiquismo, forem permeadas do amor acolhedor ao que naturalmente desabrochar como sendo o seu "potencial de ser", ela guardará em sua memória afetiva o registro da experiência da tolerância às diferenças, da aceitação do outro e do mundo, das dificuldades e das surpresas oriundas da natureza humana.

Na roda da vida, o amor inicia e finaliza cada ciclo; e, se tudo acontece de modo satisfatório, seu fim será o vislumbre "ao encontro" da amorosidade.

Intervir com amor em relações não amorosas, agressivas ou nas quais o amor se insensibilizou é apostar que a semente pode florescer e se transformar na árvore, flor ou planta que estiver destinada a ser.

Esse é o caminho do "encontro". Cito Cardella:

> O amor, quando recíproco na relação, proporciona aos indivíduos um sentimento de plenitude mútua. [...]. O estado de amor, além de possibilitar o verdadeiro encontro, proporciona um sentimento de transcendência de si mesmo e de harmonia com a humanidade e a existência (CARDELLA, 1994, p. 17).

## A Arte, o ser e o simbólico

A Arte implica o ser humano se ver refletido e refletir toda ordem de impressões de seu mundo interno. Através de diversificadas linguagens de expressão artística, ele comunica algo de si, de sua história, de suas lembranças ou sentimentos, oriundos das vivências vinculadas a determinadas etapas de sua vida. A Arte tornou-se a possibilidade do "entre": um caminho que interliga o universo interno, consciente e inconsciente, e a sua comunicação simbólica, expressa, materializada no meio externo.

Para Ostrower (2014), "o homem é um ser simbólico por excelência". Somos capazes de transformar o novo em representações, de simbolizar imaginativamente, realizar associações e transformar nossas sensações em expressão de conteúdos subjetivos. Nesse ponto, a Arte encontra na Psicologia Junguiana um enlace que ampara a qualidade inconsciente da manifestação humana, pois, também para Jung, "sua linguagem é cheia de símbolos".

> [...] uma palavra ou uma imagem é simbólica quando implica alguma coisa além de seu significado manifesto e imediato. Esta palavra ou esta imagem tem um aspecto "inconsciente" mais amplo, que nunca é precisamente definido ou inteiramente explicado (JUNG, 2008, p. 19).

Através do ser humano, portanto, a Arte comunica, diz sobre o autor que a cria, captura seus conteúdos inconscientes e leva os símbolos que neles residem ao conhecimento da consciência; e, lá estando, dinamiza com sua força o potencial imerso de possibilidades de transformações e renovações significativas. Sendo assim, a Arte, sem o entendimento da simbologia do inconsciente e do manancial emocional histórico que guarda a respeito do indivíduo que a realiza, leva-o apenas ao "fazer Arte" e não ao "fazer arteterapêutico".

A Arteterapia comunga a intenção de abraçar a Arte como recurso ou instrumento facilitador do desabrochar inconsciente, da expressão criativa do humano, mas é ela quem envolve o todo complexo do processo criativo: Arte — símbolo inconsciente — expressão simbólica — emoção oculta revelada — consciência — integração consciente/inconsciente — transformação.

Erich Neumann, ao se referir à "vida simbólica", fala sobre o símbolo como veículo do despertar da consciência:

> Imagem e símbolo são, como produtos criativos do inconsciente, manifestações do aspecto espiritual existente na alma humana [...]. O interior se "exterioriza" por meio do símbolo. Através do símbolo, a consciência do homem se torna espiritualmente capaz e atinge a autoconsciência [...]. O mito, a arte, a religião e a linguagem são expressões simbólicas do espírito criador do homem (NEUMANN, 1995, p. 263).

A prática da Arteterapia espelha quem a pessoa é em sua totalidade, promove o acesso à morada do inconsciente através de seu gesto criativo e pinça o fio que resgata sua sensibilidade, mas sempre testemunhada e legitimada pela presença devotada e humana de outro ser humano.

## Os encontros: motivação e sustentação teórica

Anteriormente mencionei os desencontros afetivos observados e acompanhados por mim em meu trabalho clínico e aqui os relembro, pois foram eles que me fizeram pensar na possibilidade de seguir em frente com a ideia de transformar as sessões de conversação "de encontro a" — verbalização de conflitos — na experimentação "ao encontro de" — pessoas dispostas a vivenciar o estado de abertura à singularidade em um processo mediado pela Arte, num espaço seguro, potencialmente favorável ao despertar do gesto criativo e espontâneo de cada participante.

Este estudo teve como objetivo observar quais os efeitos e os benefícios que a Arteterapia proporciona em três dimensões principais:

a) O indivíduo com ele mesmo: favorecer a expressão e reconhecimento da sua subjetividade; ampliar a visão sobre si mesmo, sobre suas qualidades e potenciais ainda não explorados; ressignificar algumas etapas dos ciclos de desenvolvimento; favorecer o autoconhecimento.

b) O indivíduo com o seu par (cônjuge): reconhecer diferenças entre os modos de ser de cada um, identificá-las, discriminá-las.

c) O indivíduo com a família: conhecer o grau de extensão que os benefícios da prática poderão alcançar na dinâmica da relação familiar, visto que somente pai e mãe encontram-se presentes nessa prática; sensibilizar para a experiência do "amor" enquanto estado de ser que concebe as singularidades.

Finalmente esse trabalho pretendeu, ao ser concluído, ter contribuído para melhorar o relacionamento entre o casal e entre pais e filhos.

Os encontros, aqui nomeados de "Oficinas Arteterapêuticas", foram inspirados no caminho que o ser humano percorre desde o nascimento até a vida adulta, comportando cada uma delas, de modo resumido, um correspondente ciclo arquetípico: Ciclo Matriarcal e Ciclo Patriarcal.

**O Ciclo Matriarcal** — Centra-se no arquétipo[1] da "Grande Mãe." Evoca as atitudes próprias da maternagem — o amor afetuoso e cuidadoso. Quando experimentado pela mãe[2] pessoal e constelado por sua ternura, proporciona a experiência de segurança básica, condição essencial para a saúde do desenvolvimento da personalidade como um todo. A mãe torna-se o mundo e o *self*[3] do bebê; ampara-o com esse sentimento de segurança interior e exterior, e permite a continuidade de sua existência.

Para a criança se sentir existindo em sua singularidade, em sua própria maneira de ser, é fundamental viver a experiência amorosa de aceitação, compreensão e tolerância da mãe sobre suas legítimas particularidades.

Claudete Sargo[4] amplia a importância desse continente afetivo e afirma:

> O sentimento de segurança e autoconfiança, conferido pela proteção do amor de uma mãe, capacita o indivíduo a suportar possíveis desconfortos durante todo o processo de individuação. A confirmação da singularidade, isto é, do jeito próprio de ser da criança, vai autorizá-la a realizar o que ela é na sua essência e vai

---

[1] Arquétipos: são matrizes de comportamento psíquico descritas por Jung na sua descoberta do Inconsciente Coletivo, organizam o desenvolvimento psíquico através dos símbolos. Existem os arquétipos de Deus, herói, da criança divina, [...] e incontáveis outros. Eles se expressam em tudo na vida, através de significados simbólicos (Byngton,1982).

[2] "Mãe": não necessariamente se refere à figura pessoal e real da mãe biológica da criança, mas à ideologia do "materno", vivenciado pelas figuras parentais, independentemente da identidade de gênero.

[3] *Self*: o principal dos arquétipos, representa o Si-mesmo, a alma, a totalidade da Psique. É o todo consciente e inconsciente da personalidade, segundo Jung (2008).

[4] Claudete Sargo. Psicopedagoga, atende crianças com dificuldades de aprendizagem, envolve em seu trabalho a abordagem da Psicologia Analítica — Carl G. Jung.

> possibilitar que ela faça todas as transformações necessárias para o seu crescimento no percurso de sua vida (SARGO, 2005, p. 60).

A mãe que pode se identificar com o arquétipo da "Grande Mãe Boa" é aquela que dispensará ao bebê a experiência de um dos fenômenos humanos centrais: o amor e o espírito criativo.

É originária dessa etapa do desenvolvimento toda a sorte de condições que levará o indivíduo a construir a qualidade da percepção sobre si mesmo. Toda a extensão da autoimagem positiva dependerá também da forma de relacionar-se com seu próprio corpo e com as pessoas que o cercam afetivamente, bem como o proveito que fará de suas habilidades futuras ao desempenhar determinados papéis sociais de modo sadio.

É de vital importância para a criança viver uma relação harmoniosa com a mãe nesse momento da vida, especialmente porque servirá de amparo à constituição de um caminhar mais assertivo para o ingresso no dinamismo patriarcal, e, consequentemente, servindo de ambiente incentivador para o maior entendimento e aceitação por parte da criança das questões éticas que virão. Quando essa sintonia não acontece, Sargo ressalta:

> Uma relação primal negativa constrói uma base frágil para futuros relacionamentos e para uma atitude positiva em relação à vida e a si mesmo. A autoconfiança e a segurança pessoal nos ciclos subsequentes vão depender da vivência harmoniosa com a mãe, neste ciclo (*Idem*).

Trago a seguir uma metáfora sobre a natureza, comparando-a ao universo afetivo humano, com a intenção de tornar marcante a relevância dessa etapa do desenvolvimento psicológico e sobre esse ciclo tão importante na formação da personalidade.

A "terra–mãe" aguarda amorosamente o tempo, o ritmo, o movimento particular e o percurso que a pequena sementinha irá tomar. Ela ainda não se sabe semente, apenas instintivamente desenrola-se no interior deste solo em direção à vida para fora dele, em direção à luz do sol. A "semente–bebê", compassada e gradativamente, encontra no solo fértil o amparo e a segurança necessária para apoiar suas raízes. Carrega consigo todo o potencial de ser.

> **O Ciclo Patriarcal** — Considerada a experiência bem-sucedida no ciclo matriarcal, ao ingressar no dinamismo patriarcal, a criança passará a viver as questões próprias do processo de despertar da consciência individual. Neste novo ciclo, o "pai–sol", avistando a pequena planta que surge da "terra–mãe", passa a encorajar seu impulso à vida para fora desse solo, o que faz com que a nova planta conheça a amplitude do jardim agora iluminado por sua luz.

Por esse dinamismo é o arquétipo do Pai que passa a ser regido. Os desejos individuais passam a obedecer às solicitações das normas e da moral e dos aspectos representativos das demandas legisladoras do meio coletivo, sendo gradativamente ampliado o mundo cultural da criança. Sargo (2005) acrescenta que, no patriarcado,

> [...] o desejo individual é subjugado às solicitações do coletivo, ou seja, à moral, às normas, às leis coletivas de seu meio social. [...]. O arquétipo do Pai exerce a função de ordenador, formador e legislador, representante do bem, do verdadeiro, do justo, da razão, portanto, com um aspecto mais formal que o da Mãe (*Ibidem*, p. 63).

Assim, o pai ou aquele que o representa torna-se importante na formação da identidade pessoal da/o filha/o, ou seja, seu modo de ser, sua personalidade, inaugurando em sua vida o que será o "outro" na condição de semelhante, e a/o torna parte da coletividade humana.

Alberto Pereira Lima Filho amplia o entendimento sobre essa relação pai-filha/o, trazendo as seguintes considerações:

> O pai desenha as fronteiras dentro das quais o filho poderá se movimentar, limites responsáveis pela dissolução, no psiquismo da criança, dos resquícios do sentimento [...] experimentado anteriormente. A esses limites espaciais e temporais correspondem os limites do corpo e âmbito da identidade, importantes para constelar diferenciações Eu-mundo, Eu-tu, masculino-feminino, e para instrumentar o filho para confrontos, para as adversidades e alegrias da vida (LIMA FILHO, 2002, p. 254).

Portanto, se no Ciclo Patriarcal a criança viver suas relações afetivas permeada de excessos de limites impostos a ela ou mesmo falta de limites, isso implicará o prejuízo de sua espontaneidade e a perda da referência do senso ético e de pertencimento ao grupo social.

Contudo, uma vez experimentada a intervenção amorosa e segura do pai, com limites claros, protetivos e estabelecidos para servirem de referência aos valores humanos e aos fundamentos éticos, será atingida a condição satisfatória de permanência nesse dinamismo. Desse modo, o Eu-Integral positivo da criança será alcançado por ter podido desenvolver a capacidade de suportar frustrações, de adiar as gratificações e de sentir autoconfiança.

## As oficinas

Escolhi neste estudo percorrer o caminho "ao encontro" do referencial do que pode vir a ser um acontecer relativamente bem-sucedido do desenvolvimento emocional a partir da constelação do aspecto positivo de cada arquétipo, e nisso se baseou o rumo das reflexões trazidas aos pais. Para isso, reuni três casais, que comungavam entre si a desafiadora tarefa de serem pais e mães de crianças de até 11 anos e que, naquele momento, ansiavam por encontros afetivos mais harmoniosos. A frequência dos encontros foi semanal com duração de duas horas e meia a três horas cada um deles. Os encontros foram realizados em uma sala ampla, com espaço adaptado e organizado adequadamente para as atividades propostas. A seguir breve descrição sobre o perfil dos casais participantes[5]:

> Casal 1 — *Elza e Heraldo* casados há 13 anos, pais de dois meninos de 6 anos, gêmeos adotados com 7 meses de idade; ele com disponibilidade maior de tempo para estar presente e cuidar dos filhos durante o dia, ela com trabalho diário de seis horas.
>
> Casal 2 — *Karen e Roni* com um filho de 4 anos, casados há nove; ela ausentada do lar, segundo seus cálculos, por 21 horas, e ele com horários flexíveis de trabalho e com maiores possibilidades de encontros com o filho na rotina diária.
>
> Casal 3 — *Gilberto e Vanessa* são casados há sete anos, com um filho de 7; ele com dupla jornada de trabalho e ela do lar, configuração essa combinada pelo casal, a fim de unirem esforços para uma estabilidade futura de investimento em sua própria empresa.

Entre as oficinas vivenciadas, selecionei quatro que acredito trazerem certa força de contribuição tanto para o intuito deste livro quanto para observarmos o potencial das diferentes linguagens artísticas e o despertar de consciência que elas promovem, especialmente por elucidarem temas preciosos que emergem nas relações afetivas familiares.

As principais questões fazem referência à diferenciação e conscientização das particularidades da ritmicidade corporal; ao espaço–limite entre cada membro da família; ao papel desempenhado pelos pais e seus efeitos emocionais na estrutura psíquica dos filhos e na dinâmica familiar; ao reconhecimento de seus próprios impedimentos e/ou conflitos pessoais e finalmente, ao despertar da ampliação da consciência.

---

[5] Todos os nomes apresentados ao longo deste artigo são fictícios, para preservar as identidades dos participantes, em conformidade com os critérios éticos deste trabalho.

## Considerações finais

Pude acompanhar que cada pessoa envolvida neste processo arteterapêutico foi descortinando sua individualidade e fazendo com ela uma *re*-composição concomitante com seu par: um movimento constante e cadenciado de separar-se do outro, perceber a si, *re*-unir, voltar-se para o todo e reiniciar.

Percorrer o caminho da prática da Arteterapia de mãos dadas com a Psicologia, no caminho "ao encontro" do autoconhecimento através dos ciclos arquetípicos, trouxe uma amplitude significativa para as experiências vividas através da Arte e para a ampliação da consciência.

As descobertas reveladoras de aspectos da personalidade de cada indivíduo, que se mantinham ocultos ou adormecidos, ocorreram de modo surpreendente através das atividades expressivas artísticas.

Momentos emocionantes trouxeram à consciência a legitimação de sentimentos, de atitudes, de proteção e carinho, antes ocultos nos pais pela "máscara" das reverberações de uma infância destratada de compreensão ou de falta de acolhimento à essência ou à necessidade individual, suscitada em determinada fase de desenvolvimento emocional afetivo.

Ao longo do processo pude observar o lúdico contracenando com as dúvidas, tensões e incógnitas, ora sanadas, ora apenas questões abertas sem respostas. Apenas desvelamento...

Os depoimentos traziam perplexidade, admiração, intuição e contemplação. Até o cronograma dos encontros foi retratado nos depoimentos, como o movimento de "ir lá" (realizar a atividade expressiva nas mesas), "vir aqui" (roda de conversa) e depois "voltar lá"(atividade do casal-mesas), que representou a Arte enquanto símbolo criativo, o inconsciente renascendo na consciência, o despertar do novo, da compreensão desse novo e talvez de um renovado destino a ser dado a ele.

A extensão da Arteterapia, além de atingir todos os objetivos propostos, alcançou um efeito para além do esperado neste trabalho: suscitou questões sobre o sentido que é dado ao viver quando não há questionamentos sobre as posturas aderidas, implicou quebra de padrões de comportamentos, viabilizou proximidade à dupla conjugal, reformulou atitudes por vezes autoritárias e agressivas, expandiu gestos inibidos, inaugurou experiência de bem-estar no lidar espontaneamente com a Arte, formalizou a ética, originou respeito e acolhimento aos sentimentos expressos entre os pares, diluiu medos nas funções parentais, criou laços fraternos e avançou seus efeitos para além do espaço arteterapêutico e do ambiente individual, conjugal e familiar, despertando a sensibilidade entre os envolvidos. Nesse sentido, houve o despertar de interesse em participar de outros processos arteterapêuticos, criando, assim, uma demanda para novos temas e encontros.

Vejo a Arteterapia como "a chave" de um portal para a continuidade de estudos como este e que envolvam práticas elucidativas, de orientação ou mesmo preventivas, com encontros sobre diversos temas que enfatizem a passagem pelos ciclos arquetípicos, os quais angustiam os pais, bem como no acompanhamento de casal e família.

*"Chave" simboliza abertura e fechamento.*
*Abrimos um ciclo neste caminho*
*"ao encontro" da Arteterapia*
*e o concluímos.*

*Deste encontro surgiram*
*"novos" pais com novas ideias.*

*Pessoas em estado de abertura*
*para viver sua própria Singularidade:*
*O caminho "ao encontro de".*

OFICINAS >

CONTATO >

Clarice Almeida
WhatsApp – (11) 99215.1554
Instagram: @claricebdealmeida

## REFERÊNCIAS

BOAL, Augusto. *O arco-íris do desejo: o método Boal de teatro e terapia.* Rio de Janeiro: Civilização Brasileira, 2002.

BYINGTON, Carlos A. "O arquétipo da alteridade e a riqueza do futebol". Revista Psicologia Atual, ano 5, n. 25, São Paulo, julho de 1982.

CARDELLA, Beatriz Helena P. *O amor na relação terapêutica: uma visão gestáltica.* São Paulo: Summus, 1994.

FERREIRA, Afrânio de Matos *et.al. A presença de Winnicott no viver criativo: diversidade e interlocução.* São Paulo: ZY, 2009.

JUNG, Carl Gustav. *O desenvolvimento da personalidade.* Petrópolis: Vozes, 1983.

_______. *O homem e seus símbolos.* Rio de Janeiro: Nova Fronteira, 2008.

LIMA FILHO, Alberto P. *O pai e a psique.* São Paulo: Paulus, 2002.

NEUMANN, Erich. *História da origem da consciência.* São Paulo: Cultrix Ltda, 1995.

OSTROWER, Fayga. *Criatividade e processos de criação.* Rio de Janeiro: Editora Vozes, 2014.

SARGO, Claudete. *O berço da aprendizagem: um estudo a partir da Psicologia de Jung.* São Paulo: Ícone, 2005.

URRUTIGARAY, Maria Cristina. *Arteterapia: a transformação pessoal pelas imagens.* Rio de Janeiro: Wak, 2011.

WINNICOTT, D. W. *Conversando com os pais.* São Paulo: Martins Fontes, 1999.

_______. *Os bebês e suas mães.* São Paulo: Martins Fontes,1988.

# AGRADECIMENTOS

Caminho pelas trilhas da educação e da saúde buscando o "ser criativo" e "transformador" que existe dentro de cada um de nós! Desafiador e valioso!

Esse caminho exige fé, crença, determinação e vontade!

O projeto para a criação deste livro surgiu enquanto ministrava aulas em várias turmas na pós-graduação em Arteterapia aplicada à Saúde e Educação, na Universidade Paulista Unip-SP. Essa pós-graduação teve seu início em 2004 e foi coordenada com maestria pela pós-doutora Patrícia Pinna Bernardo e, depois de alguns anos, como docente nesse curso, vieram a possibilidade e a pergunta que já existiam dentro de mim havia algum tempo: *por que não convidar alguns alunos (e são tantos...) para transformarem o trabalho final de conclusão do curso em um artigo e lançarmos um livro?* O diferencial seria aliar a teoria à prática, descrevendo as oficinas que foram criadas para cada temática, detalhando-as e mostrando como a arte pode criar espaços de reflexão e de criatividade sempre buscando o autoconhecimento. Lançada a ideia, foi ela acolhida, o desafio aceito e, nesse momento chegamos até aqui, com a apresentação deste livro escrito com muita dedicação e cuidado por todos nós. Grata a todos os coautores deste projeto!

Deixo aqui expresso meus agradecimentos à professora Patrícia Bernardo por confiar em meu trabalho e me oferecer a possibilidade de fazer algo de que gosto muito: dar aulas! Nas páginas deste livro fica um pequeno registro do muito que fizemos juntas nessa formação.

Outra presença importante e colega de trabalho na Unip foi a Profa. Ma. Oneide Depret, parceira nessa jornada, companheira de muitas conversas, trocas e descobertas Grata Oneide por tantas partilhas e aprendizagens.

Entretanto a Psicopedagogia não poderia ser deixada de lado e, assim, convidei alguns ex-alunos para apresentarem seus estudos e práticas sob o viés da educação dialogando com a arte – em oficinas ou aprofundando seus estudos apoiados na linguagem cinematográfica. A pós-graduação em Psicopedagogia Sistêmica foi criada em parceria com outra grande amiga: Vera Márcia Gonçalves Pina que, atualmente, é diretora do Instituto Faces. Muitos anos de estudos, criações, encontros também permeados por conquistas, realizações e muitos desafios. Valeu Vera, uma companhia que até hoje produz seus frutos...

E... quando falo em fios, costuras, tramas não tem como não me voltar para quando tudo começou... era o ano de 1994, primeiras aulas no Sedes Sapientiae com minha primeira grande mestra e referência: Profa. Dra. Eloísa Quadros Fagali que me apresentou uma Psicopedagogia diferente, um novo olhar para as questões do aprender, apoiado na Psicologia Analítica. Por ela fui guiada pelas trilhas dos estilos cognitivo-afetivo-sociais envolvidos nas questões da aprendizagem. Muitos estudos e suportes oferecidos que deixaram marcas significativas no meu fazer pessoal e profissional. Foi com ela que vivenciei as primeiras oficinas arteterapêuticas também em grupos de estudo no Integração – centro de estudos por ela coordenado. Quantas aprendizagens... não dava para parar...

E, no ano de 2004, fui apresentada à Gestalt-Terapia como fundamentação teórica na formação em Arteterapia, por outras duas grandes mestras: Dra. Selma Ciornai e Dra. Myrian Bove Fernandes que, de maneiras singulares, agregaram conhecimentos que são, até hoje, validados na minha identidade profissional. As aulas e vivências dessas grandes mestras, ainda me acompanham.

Valeu, Elô! Valeu, Selma e Myrian por tantos estudos oferecidos por vocês com tanta competência, generosidade e aprofundamento.

Outras professoras e professores fizeram parte dessa caminhada, impossível citar todos, mas seus saberes compartilhados me acompanham. Sou grata a todos!

Neste momento final desta escrita, agradeço a uma pessoa muito especial para mim: Paulo José Lacava que nos ofereceu todo suporte técnico e midiático para que esse trabalho pudesse ser respeitado em toda sua essência. Muito obrigada pela parceria (de sempre!) e por atualizar nossas ideias. Paulo é o responsável pelo planejamento do projeto digital juntamente com Santiago Matallana (*designer* gráfico) que foram essenciais para que este trabalho pudesse chegar até nós como eu desejava. Sou grata aos dois!

De papel fundamental para a realização deste livro, foi a presença sensível e atenta de Larissa Kouzmin-Korovaeff, diretora responsável pela Semente Editorial que, juntamente com uma equipe extremamente qualificada, abraçou a proposta. Grata Larissa e equipe.

É possível, sim, todos nós, juntos, mostrarmos a força da Arteterapia e da Psicopedagogia mediadas por recursos expressivos e pela ampliação de conhecimentos e saberes, integrando de maneira primorosa várias linguagens: as expressivas — verbais e não verbais — e a linguagem cinematográfica, que oferece a oportunidade de um diálogo precioso com dilemas existenciais que sempre acompanharam o homem na busca de um "sentido maior" para sua existência. Vivências cotidianas que são arquetípicas.

Aos tantos outros alunos que passaram pelo meu caminho nessas formações, também agradeço (não caberiam todos para esse momento!). Cada um deles com seu jeito de ser, seus sonhos e desejos também alimentou os meus sonhos e desejos

E agora... caríssimo leitor, grata por vir juntar-se a nós neste percurso. À nossa frente, múltiplos caminhos se abrem... várias trilhas surgem. Caminhemos, sempre juntos, em relação. Avante sempre!

*Gratidão,*

Lídia Lacava

semente editorial

Edição e publicação de livros que venham a contribuir para o bem-estar, alegria e crescimento de todos os seres – humanos e não humanos.

Em respeito ao meio ambiente, as folhas deste livro foram produzidas com fibras obtidas de florestas plantadas, com origem certificada. Impresso pela grafica Eskenazy em fevereiro de 2024. [1ª edição e 1ª impressão].

Tipologia: Centaur MT e Effra; papel miolo: offset 90 g/m²; papel capa: cartão triplex 250 g/m².

www.sementeeditorial.com.br
@sementeeditorial